ピーキングの ためのテーパリング

狙った試合で最高のパフォーマンスを発揮するために

河森 直紀 PhD,CSCS

Tapering for Peaking

まえがき

　アスリートは，競技レベルにかかわらず，「大一番」と呼ぶべき重要な試合や大会を，現役生活の間に何度か経験するはずです。それは，4年に1度のオリンピックかもしれないし，1年に1度の全日本選手権かもしれないし，一生に1度の甲子園大会県予選かもしれません。

　そのような重要な試合において，勝負の結果がどうあれ，自らのもてる力を十分に発揮して，悔いを残さないようにしたいというのが，多くのアスリートが望むところだと思います。自分の実力を発揮できないまま負けてしまっては，「本当はもっとできたはずなのに」という心のモヤモヤが晴れることはなく，悔やんでも悔やみきれないでしょう。

　私は，ストレングス&コンディショニングコーチ（S&Cコーチ）という肩書で，アスリートに対してトレーニング指導をする活動をしています。「大一番」と呼ぶべき重要な試合に向けて，アスリートの体力面におけるコンディション調整をして，最高の状態で試合に臨んでもらうよう手助けするのも，S&Cコーチとしての私の大切な役割の1つです。本書では，そのような重要な試合に向けての体力面におけるコンディション調整のことを「テーパリング」と呼んでいます。

　重要な試合において実力を発揮するためには，体力面でのコンディション調整（テーパリング）を成功させるだけでは不十分です。他にも，緊張のコントロールなどの心理面での対策も必要ですし，対戦相手の分析や予選・準決勝・決勝をどのように戦っていくかなどの戦略・戦術も重要な要素です。テーパリングさえ成功すれば実力を発揮できるという単純な話ではないのです。それでも，少なくとも体力面ではコンディション調整をバッチリと決めて，最高の状態で重要な試合に臨んでほしいというのが，S&Cコーチとしての私の願いであり，使命でもあると考えています。

「大一番」と呼ぶべき重要な試合に体力的なコンディションのピークを合わせて実力を発揮することは，すべてのアスリートにとっての共通した願いのはずです。そして，それを達成するために，試合前のテーパリングをどのように実施したらよいのかは，すべてのアスリートやコーチが日々試行錯誤をしているところだと思います。

　それだけ重要で，多くのアスリートやコーチが関心をもっているにもかかわらず，試合前のテーパリングを具体的にどのように計画・運用したらよいのかというトピックについて得られる情報量は，驚くほど少ないのが現状です。本書執筆時点において，テーパリングというトピックについて書かれている書籍は，私の知るかぎりでは，Human Kinetics 社から出版されている「Tapering and Peaking for Optimal Performance」のみです。

　このように，手に入る情報が著しくかぎられた状況においては，ほとんどのアスリートやコーチが，これまでの経験や感覚だけを頼りにして，重要な試合に向けてのテーパリングを実施しているというのが実情だと思います。経験や感覚はまったく意味がないと言うつもりはありませんが，そうしたものだけに頼っているようでは，テーパリングを成功させる再現性は低くなってしまいます。成功の再現性を高めるためには，ある程度確立されたマニュアルのようなものを参考にしなくてはなりません。

　「Tapering and Peaking for Optimal Performance」では，テーパリングに関連する過去の研究結果をまとめた情報（科学的知見）が記載されています。重要な試合前のテーパリングを成功させる再現性を高めるためには，そうした科学的知見を参考にするのは手っ取り早い方法に思えます。しかし，だからといって，それに従っていれば成功の再現性が担保されるわけではありません。言い換えると「テーパリングのマニュアル」としてそのまま利用できるわけではなく，あくまでもガイドラインとして参考にする程度の使い方が正しいところだと思います。

　テーパリングというトピックに関して，マニュアルが確立されておらず，多くのアスリートやコーチが経験や感覚をもとにして試行錯誤している状況にとどまっている理由の1つに，そもそもテーパリングがマニュアル化しづ

らいという点があげられます。

　テーパリングを実施する状況やアスリートの特徴，そしてテーパリングでターゲットとする試合の形式（1発で終わる，何日間にもわたって試合をするなど）などが異なれば，最適なテーパリングの方法は変わるのです。このようなやり方でテーパリングをしておけば，すべての条件下で体力面のコンディション調整が必ず成功しますよ，というもの（マニュアル）は存在しないのです。

　したがって，本書においても，テーパリングのマニュアルを提供するため，具体的な方法を詳しく説明するということは目指していません。むしろ，なぜテーパリングを実施するとコンディションをピークにもっていくことができるのか，そのメカニズムを理解していただくことに重点を置いて執筆しました。

　テーパリングのメカニズムさえ理解しておけば，さまざまな状況に対して応用が効きます。目の前の状況を分析したうえで，「今はこういう状態だから，こういう形でテーパリングを実施すれば，重要な試合にコンディションのピークを合わせることができるはずだ」と自分の頭を使って考えることができるようになります。マニュアル化しづらいテーパリングの成功の再現率を高めるためには，そのメカニズムを理解したうえで応用を働かせることが鍵となるのです。

　テーパリングのメカニズムを理解し，目の前の状況に合わせて運用できるよう知識を深めていただくため，本書は3部構成になっています。

　まず，第1章では，そもそも「テーパリングとは何か（What）」について説明します。特に，テーパリングと一緒によく使われるピーキングという言葉との違いについて理解をすることが，テーパリングのメカニズムを理解することの第一歩となります。

　次に，第2章では，「テーパリングのメカニズム（Why）」について説明します。本書の肝となるべき部分であり，この内容を理解することで，テーパリングの成功の再現性を大きく高めることが可能になります。

　最後に，第3章では，「テーパリングの実際（How）」について説明しま

す．ただし，すでに述べたように，テーパリングはマニュアル化しづらいトピックなので，具体的な方法を紹介するというよりも，いくつかの例をあげながら，テーパリングのメカニズムの理解をもとにして，どのように目の前の状況に合わせて応用をすればよいのかという「考え方」に焦点を当てて説明しています．

　以上のような3部構成からなる本書を読んでいただくことで，テーパリングについての理解が深まり，あらゆる状況に対応してテーパリングを計画・運用することができる知識や考え方を身につけることができるはずです．そして，その結果として，少なくとも体力面では最高のコンディションで重要な試合に臨むことができるアスリートが1人でも増えることが私の願いです．

2018年2月

著　　者

もくじ

まえがき　3

第1章　テーパリングとは何か

1. テーパリングの定義　9
2. ピーキングの定義　11
3. テーパリング vs. ピーキング：意味の違い　12
4. 適切なテーパリングがもたらす
   パフォーマンス向上効果の大きさ　14
5. そもそもテーパリングは必要か　16

第2章　テーパリングのメカニズム

1. なぜテーパリングをするとピーキングにつながるのか　19
2. 「フィットネス−疲労理論」とはどのような理論か　21
3. 超回復理論 vs. フィットネス−疲労理論　22
   1) 超回復理論（one-factor theory）　23
   2) フィットネス−疲労理論（two-factor theory）　27
   3) 「超回復理論」と「フィットネス−疲労理論」の違い　30
4. テーパリングがピーキングにつながるメカニズム　34
5. テーパリングに入る前の時期（pre-taper period）の重要性　41
6. テーパリングが失敗しうるシナリオ　44

   シナリオ1：追い込むようなトレーニングをして一度 preparedness を落としてからテーパリングを開始する　45

   シナリオ2：pre-taper period に練習・トレーニング量が減っている状況で，マニュアル的なテーパリング戦略をそのまま当てはめてしまう　50

シナリオ3：なかなか preparedness が上がってこないからといって一時的に練習・トレーニングの負荷を増やしてしまう　　53

　　シナリオ4：ピークのタイミングが早すぎる　　56
7. フィットネス−疲労理論2.0　　59
8. トレーニング歴の影響　　65
9. 個人差の影響　　68

第3章　テーパリングの実際

1. 科学的知見に基づくテーパリングのガイドライン　　72
   1) どの変数を減らすのか　　74
   2) テーパリング期間の長さ　　84
   3) テーパリングのタイプ　　88
   4) 科学的知見に基づくテーパリングのガイドラインまとめ　　93
2. 科学的知見に基づくテーパリングのガイドラインが当てはまらないシナリオ　　94

　　シナリオ1：テーパリング開始前にあまり練習・トレーニングが積めていない　　95

　　シナリオ2：テーパリング開始前に通常以上の疲労が蓄積している　　101

　　シナリオ3：ピーキングのターゲットとなる重要度の高い試合が複数あり，その間が数週間しかない　　103

　　シナリオ4：重要な試合が1日で終わらず，数日間から数週間続く　　108
3. 戦略的な「pre-taper overload training」の利用　　110
4. テーパリングを実施する頻度　　115
5. 競技コーチとトレーニング指導者との連携の重要性　　116
6. テーパリング以外のピーキング手法とうまく組み合わせる　　117

あとがき　　119　／　参考文献　　125

1 What

テーパリングとは何か

> 本章では，そもそも「テーパリングとは何なのか（What）」について説明します。本章を読み終わった時には，テーパリングの定義についての理解が深まっているはずです。特に，テーパリングと一緒によく使われるピーキングという言葉との違いについて，明確に説明できるようになるでしょう。

1 テーパリングの定義

　アスリートたちは，日常的に厳しい練習やトレーニングを重ねています。その成果を，オリンピックや世界選手権，日本選手権，国体，インターハイ，プレイオフなどの重要な試合で発揮するためには，試合直前の数週間における過ごし方や調整の仕方が重要になります。どれだけ一生懸命に練習やトレーニングを積み重ねて技術や体力を向上させても，試合前のコンディションの調整方法を誤ってしまうと，試合本番において期待するようなパフォーマンスが発揮できない可能性があるのです。

　一般的に，アスリートが重要な試合の直前ギリギリまで激しい練習やトレ

ーニングを継続することはまれです。むしろ，試合に向けて疲労回復を図りコンディションを上げていくため，試合直前の時期には練習やトレーニングの負荷を減らしていく，という戦略をとることのほうが多いでしょう。そうした戦略を「**テーパリング**」と呼びます。

　競技スポーツに携わっている人であれば，この「テーパリング」という言葉を1度は耳にしたことがあるでしょう。しかし，われわれが何気なく使っているこの「テーパリング」という言葉の意味をしっかりと理解し，明確に説明することができるでしょうか。

　そもそも「テーパリング (tapering)」とは，「taper」という英語の動詞に「ing」がついた言葉です。そこで，「taper」という英単語を英和辞書で調べてみると，「〜を次第［徐々］に細くする，先細りにする」といった意味が載っています。

　この言葉の意味をスポーツに当てはめて考えてみると，重要な試合に向けたコンディション調整を指す意味合いでわれわれが使っている「テーパリング」という言葉は，「徐々に練習・トレーニングの負荷を減らしていくこと」と定義することができます。

> **テーパリングとは，徐々に練習・トレーニングの負荷を減らしていくこと。**

　ちなみに，ここで言う「**練習・トレーニングの負荷**」とは，英語で言うところの「training load」と呼ばれる概念です。この「負荷 (load)」という言葉のなかには，「**強度**」「**量**」「**頻度**」といった3つ変数がすべて含まれます。したがって，「テーパリング（徐々に練習・トレーニングの負荷を減らしていくこと）」と言った場合，この段階では，「強度」「量」「頻度」の3つの変数のうち，どの変数をどの程度の割合で減らしていくのかまでは言及されていないことになります。そのあたりの具体的な話は，第3章で詳しく説明します。

1. テーパリングとは何か

2 ピーキングの定義

　重要な試合に向けてアスリートのコンディションを上げていくために，練習・トレーニングの負荷を徐々に減らしていく行為が「テーパリング」である，と説明しました。その一方で，重要な試合に向けたコンディション調整について議論をする時に，「ピーキング」という言葉を耳にしたことがある人も多いでしょう。

　「テーパリング」と「ピーキング」という2つの言葉はセットとして使われることも多く，どちらも同じものを指している言葉であり，ただ言い方が違うだけだ，と捉えられがちです。例えば，「ちり紙」と「ティッシュ」のように，言い方は違うけど意味は同じである同義語にすぎない，という程度の認識の人が多いかもしれません。そもそも，それぞれの言葉の定義や2つの言葉の意味の違いについて，深く考えたことのある人のほうが少ないのではないでしょうか。

　確かに，どちらも重要な試合に向けてのコンディション調整に関連する言葉なので，ほとんど同じ意味で使われたり，混同されて使われたりしやすいのかもしれません。

　しかし，私は「テーパリング」と「ピーキング」はまったく別の概念を指す言葉として捉えています。それぞれ意味するところが明確に異なるのです。そして，その意味の違いをしっかりと把握しておくことが，テーパリングのメカニズムを正しく理解し，さらにはテーパリングを成功させて重要な試合に最高のコンディションで臨むために重要になるのです。

　では，これら2つの言葉の違いは何なのでしょうか。すでに「テーパリング」の定義については説明をしたので，次に「ピーキング」の定義について考えてみます。

　「ピーキング（peaking）」という言葉は，「peak」という英語の動詞に「ing」がついた言葉です。「peak」という英単語を英和辞書で調べてみると，「最高［最大限］になる，ピークに達する」といった意味が載っています。

　この言葉の意味をスポーツに当てはめて考えてみると，「ピーキング」と

いう言葉は,「狙った重要な試合にベストのコンディションで臨めるように,コンディションを上げていき,そのピークを合わせること」と定義することができます。

> ピーキングとは,狙った重要な試合にベストのコンディションで臨めるように,コンディションを上げていき,そのピークを合わせること。

3 テーパリング vs. ピーキング:意味の違い

「テーパリング」と「ピーキング」という言葉の定義をそれぞれ説明しましたので,次に2つの言葉の意味の違いについて説明します。

2つの言葉の意味の違いについて一番わかりやすい捉え方は,「ピーキング」は目的を示している言葉で,「テーパリング」は手段を示している言葉である,というものです。

つまり「ピーキング(狙った重要な試合にベストのコンディションで臨めるように,コンディションを上げていき,そのピークを合わせる)」という目的を達成するための手段の1つが「テーパリング(徐々に練習・トレーニングの負荷を減らしていく)」であるという考え方です。

> 「ピーキング」という目的を達成するための手段の1つが「テーパリング」である。

ここで,テーパリングは「手段の1つ」という表現をあえて使いましたが,それは,ピーキングを達成するための手段はテーパリングだけではなく,それ以外にもいろいろと存在するからです。テーパリングはあくまでもそれらのうちの1つにすぎないのです。

例えば,試合前の時期に意図的に炭水化物を多く摂取することで体内のグリコーゲン量を増やそうとする「**カーボローディング**」も,ピーキングという目的を達成するために用いられる手法の1つです。また,体重階級制の競

1. テーパリングとは何か

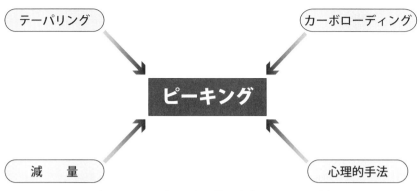

図1 テーパリングはピーキングという**目的**を達成するための**手段**の1つである。

技や体重が軽いことが有利になる競技において、試合前に食事・トレーニングの量や内容を調整して「**減量**」していくことも、ピーキングのための手法と捉えることができます。あるいは、試合に向けて徐々に気持ちを高めていくために、個人的なルーティンを決め、それをこなしていくような「**心理的な手法**」も、ピーキング戦略の1つと言えるでしょう（**図1**）。

このように、「ピーキング」という目的を達成するために使われている手段は「テーパリング」だけではなく、他にもいろいろと存在するのです。そのため、あえてテーパリングはピーキングという目的を達成するための「手段の1つである」という表現を使いました。

しかし、それらの手段の中では、「テーパリング」が最も効果が大きいと考えられ、また、最も一般的に使われている方法なので、「ピーキング」と「テーパリング」という2つの用語が混同され、ほぼ同義的に使われるようになったのではないか、と推測されます。

「ピーキング」と「テーパリング」という2つの言葉が混同されて使われるようになった背景はともかくとして、「目的」とそれを達成するための「手段」という捉え方をしておけば、2つの言葉の意味の違いを頭の中でしっかりと区別することができ、それぞれの言葉の関連性についても理解しやすくなるでしょう。

そして，以上のことが理解できたら，次の段階として「なんでテーパリングをするとピーキングを達成できるのだろう？」という疑問が浮かんでくるはずです。この疑問に対してしっかりと答えられるようになることは，すなわち「テーパリングのメカニズムを理解できること」と同義であり，それを理解できているのとできていないのとでは，ピーキングを成功へと導ける確率が大きく変わってきます。

「重要な試合に向けて練習・トレーニングの負荷を減らしていけば，疲労が軽減されるはずだから，疲れがたまっていないフレッシュな状態で試合に臨めるってことなのでは？」という考えを何となくもっている人は多いかもしれません。しかし，その程度の理解では不十分です。正しくテーパリングを計画・運用してピーキングを成功させるためには，さらに明確に，より論理的に説明ができるまでテーパリングのメカニズムについての理解を深める必要があります。

そこで，第2章では「フィットネス−疲労理論」という概念をベースにして，テーパリングのメカニズムについてさらに詳しい解説をします。

4 適切なテーパリングがもたらすパフォーマンス向上効果の大きさ

ピーキングという目的を達成するために最も一般的に使われている手段がテーパリングである，という説明をしましたが，そもそも，適切なテーパリングを実施してピーキングに成功すると，具体的にどの程度のパフォーマンス向上効果が期待できるのでしょうか。

テーパリングに関しての研究で世界的な第一人者として知られるスポーツ科学者のMujika博士のレビュー論文[1]によると，最適なテーパリング戦略によって期待できる**パフォーマンス向上効果は，平均で3％程度**（一般的な範囲としては0.5〜6.0％）とされています。

1. テーパリングとは何か

> 最適なテーパリングによって期待できるパフォーマンス向上の効果は平均3％とされている。

　この「3％」という数字を聞いて、どのような印象をもたれたでしょうか。私がこの「3％」という数字をはじめて聞いた時の正直な感想は、「え！　それだけ？」というものでした。驚きと残念な感情が入り混じって、なんとも言えない気持ちになったものです。何の根拠もない主観的なものとして、テーパリングを成功させれば、重要な試合に向けて10％も20％もパフォーマンスを向上させることができるという印象をもっていたのです。

　だから、たった「3％」のパフォーマンス向上効果しか期待できないと知った時には落胆したものです。そして、「その程度の効果しかないのであれば、そもそもテーパリングなんてやる必要あるのだろうか？」という疑問さえもちました。

　しかし、冷静になって考えてみると、テーパリングをすれば短期間で10％も20％もパフォーマンスを向上させることができる、などという期待がそもそも過剰なものであったと気づきました。

　考えてもみてください。多くの競技において、アスリートがたった数パーセントの記録向上を実現させるために、何ヵ月あるいは何年もの長い時間を練習やトレーニングに費やすことはいたって普通のことです。特に、アスリートの競技レベルが上がれば上がるほど、わずかな記録向上のために多くの時間とエネルギーが必要になってきます。例えば、競泳や陸上競技のような記録系スポーツにおいては、自己新記録をわずか0.01秒更新するのに、何年間もかかってしまうというのはざらにあることです。

　それと比較して考えてみれば、試合前のわずか数週間の調整だけで、10％や20％もの大幅な記録向上が達成できると期待すること自体が非現実的なことだということがわかります。先述のMujika博士も、テーパリング効果の大きさについては「Do not expect miracles！（奇跡を期待するな！）」という発言をされています。

　むしろ、適切なテーパリング戦略を用いることで、試合前のわずか数週間

15

という短期間で3％ものパフォーマンス向上効果を得られるのであれば，それはトライする価値が十分にある手段だと考えたほうが，はるかに現実的かつ健全でしょう．

5 そもそもテーパリングは必要か

　もともとパフォーマンスレベルに10％や20％という差がある場合，重要な試合前の数週間のテーパリングによって勝敗が逆転する可能性は非常に低いでしょう．しかし，競技力が拮抗している相手と戦う場合は，適切なテーパリングによって3％程度のパフォーマンス向上効果を得られるかどうかで，試合の勝敗や順位が変わってくる可能性は大いにあります．

　例えば，2016年リオ五輪の陸上競技男子100 m走の成績をみてみると，金メダルと銅メダルのタイム差は0.10秒，わずか1.0％で，銅メダルと8位のタイム差は0.15秒，わずか1.5％です（**表1**）．これらの差は，適切なテーパリングがもたらす平均的なパフォーマンス向上効果である「3％」よりも小さいことは明らかです．つまり，適切なテーパリングを実施して「3％」のパフォーマンスの向上効果が得られるかどうかによって，獲得できるメダルの色が変わったり，メダルを獲れるか8位入賞に終わるかの違いにつながる可能性があるということです．テーパリングの良し悪しによって，あのウサイン・ボルト選手が金メダルを逃していた可能性さえあるのです．

　陸上競技の100 m走にかぎらず，いわゆる「記録系スポーツ」と呼ばれるような競技，すなわち競技成績が数字として出てくる競技（陸上，競泳，自転車，スピードスケートなど）の記録と順位の関係を見てみると，やはり「3％」程度の記録の違いが勝敗や順位に大きな影響を及ぼすことがわかります．例えば，2000年のシドニー五輪の競泳競技では，金メダルと4位のタイム差は平均1.62％，銅メダルと8位のタイム差は平均2.02％と報告されています[2]．さらに興味のある方は，国際オリンピック委員会のウェブサイトで，過去のオリンピックにおける記録系スポーツの成績を分析してみると面白いかもしれません．

1. テーパリングとは何か

表1 リオ五輪における陸上競技男子100m走の競技結果

順位	金	銀	銅	4位	5位	6位	7位	8位
タイム	9.81	9.89	9.91	9.93	9.94	9.96	10.04	10.06

データは https://www.olympic.org/rio-2016/athletics/100m-men を参照。

　一方，記録系スポーツ以外の競技では，3％程度のパフォーマンス向上効果が試合の勝敗にどれほど影響を及ぼすのかは，それほど明確ではないかもしれません。しかし，相手との実力が拮抗している場合は，そのわずかな差が試合結果を左右する場面も必ず出てきます。

　例えば，レスリングやフェンシングのような対人競技において，3％のピーキング効果があるかないかで，1点取れるかどうかにつながる場合もあります。わずか1点と思うかもしれませんが，その1点が勝敗を分けるような競った試合は必ずあります。また，サッカーやバスケットボールのような球技系競技において3％の差があれば，相手よりも先にボールに到達するチャンスが上がります。そのような小さなアドバンテージの蓄積が，得点につながったり失点を防いだりすることに結びつく場合もあります。そして，その1点の差がその試合の勝敗を分けたり，予選リーグにおける総得失点に影響を与えて決勝リーグに進出できるかどうかの差につながったりする可能性は十分あります。

　そう考えると，たった「3％」という小さなアドバンテージを得るために適切なテーパリングを実施することは，アスリートが勝つ確率を高めてよい成績をあげるために非常に重要であることがわかります。やはり，テーパリングは重要な試合に向けての調整のなかでは，決してはずすことができない重要な最後の1ピースなのです。

　また，オリンピックや世界選手権のように注目を集める大きな大会で，メダル獲得が確実であると期待されていたチームやアスリートが，その実力を発揮できずに惨敗してしまうケースは多々あります。そのようなアスリートのインタビューを見ていると，「ピーキングに失敗した」という反省の弁を述べていることがあります。

実際のところは，競技成績にはさまざまな要素が複雑に影響するので，失敗の原因を特定することは難しいのですが，テーパリングの失敗が成績不振に直結しているケースもあるはずです。つまり，適切なテーパリングによる3％程度のプラス効果が得られないどころか，むしろテーパリングに失敗することでパフォーマンスが大きくマイナスになることもありうるのです。

　もし，ライバルがテーパリングに失敗し，自分は適切なテーパリングを実施し成功することができれば，それによって得られるアドバンテージは3％以上にもなります。逆に，自分がテーパリングに失敗してしまうと，ライバルに3％以上の差をつけられてしまうリスクがあります。仮に「3％」というテーパリングによるパフォーマンス向上効果に魅力を感じなかったとしても，少なくともテーパリングの失敗による大きなマイナス効果を避けるためにも，やはり適切なテーパリングのやり方を理解しておくことが重要なのです。

　私は個人的に，テーパリングは「攻めの戦略」というよりも「守りの戦略」であると捉えています。つまり，テーパリングによって積極的にパフォーマンス向上効果を狙っていくというよりも，最後の調整段階で失敗して「やらかさない」ことのほうが重要であるという考え方です。

　アスリートが積み重ねてきた厳しい練習やトレーニングによる成果を，重要な試合前の最後の数週間で台無しにしないためにも，テーパリングについての理解を深め，失敗をしないための準備をしておく義務が，トレーニング指導者や競技コーチにはあるのではないでしょうか。

　もちろん，適切なテーパリングにより3％程度のパフォーマンス向上効果を狙うという攻めの姿勢を否定するつもりはありません。その3％の差が，勝敗や順位を変える可能性があることはすでに説明したとおりです。しかし，優先順位としては，まずは「やらかさない」という守りの戦略を重視し，その準備をしっかりと整えたうえで，その上に積み重ねるイメージで攻めの戦略を考えるくらいがちょうどよいでしょう。

2 Why
テーパリングのメカニズム

> 第1章では，そもそも「テーパリングとは何なのか（What）」について述べました。特に，「テーパリング」と「ピーキング」という混同されやすい2つの言葉の意味の違いについて，詳しく説明しました。また，テーパリングの効果の大きさについて，現実的にどの程度のパフォーマンス向上が見込めるのか，そして，そのパフォーマンス向上効果が勝敗を左右するほど意味のあるものなのか，についても議論しました。
> 第2章では，「テーパリングのメカニズム（Why）」について詳しく説明します。ピーキングの成否の鍵は，この「テーパリングのメカニズム」の理解度にかかっている，といっても過言ではないほど重要なトピックになります。

1 なぜテーパリングをするとピーキングにつながるのか

第1章で，「ピーキング」という目的を達成するための手段の1つが「テーパリング」である，ということについて解説しました。では，そもそもなぜ「テーパリング」という手段を用いると「ピーキング」という目的の達成

につながるのでしょうか。

　ただ単に，テーパリングによって練習・トレーニングの負荷が減れば，蓄積された疲労が取り除かれ，よりフレッシュな状態で試合に臨めるからでしょうか。確かに，「疲労を取り除く」というのはテーパリングの大きな役割の１つです。しかし，それがすべてではありません。もし，疲労を取り除くことだけでピーキングが達成できるのであれば，極端な話，試合前の１〜２週間くらいは思い切って練習もトレーニングも一切せずに休息をし，疲労回復に努めるのがベストなテーパリング戦略だということになります。

　しかし，実際にそのような思い切ったテーパリングを実施しても，ベストなピーキングを達成することは難しいでしょう。そもそも，テーパリングの定義は「徐々に練習・トレーニングの負荷を減らしていくこと」なので，一気に練習やトレーニングをやめてしまうのであれば，それはもはやテーパリングですらなくなってしまいます。

　あるいは，体調を崩した，ケガをしていた，学校の試験勉強で忙しかった，などの事情で，テーパリングを開始する前の時期（pre-taper period）に練習やトレーニングの量を十分にこなせていなかったとしたら，どうでしょうか。このような状況では，そもそも疲労はそれほど蓄積されていないはずです。そして，疲労がほぼゼロの状態でテーパリングを実施しても，さらなる疲労の除去は期待できないため，そこからさらにコンディションを上げていき，試合にピークをもっていくことはほぼ不可能です。むしろ，練習やトレーニング不足による「detraining（体力の低下）」のほうが懸念されます。

> 「detraining」という用語は「トレーニングを休止すること」を意味する場合もありますが，本書では「トレーニングを休止したり量を減らしたりした結果，体力やパフォーマンスが低下すること」という意味合いで使います。

　つまり，「テーパリングのメカニズム＝疲労の除去」という単純な理解では，さまざまな状況に応じて柔軟に対応し，ピーキングを成功させることは

2. テーパリングのメカニズム

```
入力  →  ブラックボックス  →  出力
```
図2　トレーニングのプロセスを表わしたモデル

難しいのです。むしろ，その程度の浅い理解しかできていないようでは，ピーキングが失敗するリスクのほうが高いといっても過言ではないでしょう。そのような最悪の事態を避けるためには，もっと深いレベルで，テーパリングがピーキングにつながるメカニズムを理解しておくことが必要になります。

そこで第2章では，テーパリングのメカニズムについてさらに深いレベルで理解できるように，「**フィットネス−疲労理論**」という概念を使いながら，より詳しい説明をします。この「フィットネス−疲労理論」を知っているかどうか，そしてそれをしっかりと深いレベルで理解できているかどうかで，テーパリングのメカニズムについての理解度も格段に違ってきます。そして，テーパリングのメカニズムの理解度が，ピーキングの成功に直接的に影響するのです。

2 「フィットネス−疲労理論」とはどのような理論か

図2は，トレーニングをすることで筋力や持久力などの体力が向上する現象を単純なモデルで表わしたものです。

現在のスポーツ科学でも，トレーニングによって体力が向上する生理学的なメカニズムは完全には解明されていません。しかし，どのようなトレーニング刺激（入力）を身体に与えれば，どのような応答・適応（出力）を引き起こすことができるのかは経験的にもある程度わかっていますし，この部分については科学的な研究も進んでいます。このように，外側からみた使い方だけがわかっていて，中身の動作原理のわからない装置を「**ブラックボックス**」と呼びます。

例えば，ウエイトトレーニングを75% 1RMの負荷で3セット×8レップ実施するという「入力」を身体に与えると，ある程度の筋肥大が起きるという「出力」が得られることをわれわれは経験的に知っています（メカニズムは完全にわかっていなくても）。そして，トレーニング指導者は，そのような経験則と現時点で手に入る科学的知見をうまく組み合わせながらトレーニングプログラムを計画し，目的とするトレーニング適応を引き起こそうとするのです。

　テーパリングのメカニズムを理解するために押さえておくべき概念である「フィットネス–疲労理論」は，図2のモデルの「出力」の部分が時間経過とともにどのように変化していくのかを説明した理論です。もっとわかりやすくいうと，トレーニングをするとどうして体力が向上するのかを説明した理論ということになります。

　まず，この理論をしっかりと押さえておかないと，なぜテーパリングがピーキングにつながるのか，そのメカニズムを深く理解することができません。そして，テーパリングのメカニズムをしっかりと理解できていないと，ピーキングが失敗するリスクが高まります。

　例えば，メディアなどで目にするピーキングの失敗例の多くは，テーパリングの計画を立てている責任者が「フィットネス–疲労理論」をまったく知らない，あるいはしっかりと理解できていないことが原因であると考えられます。「フィットネス–疲労理論」を理解している立場からみると，明らかにピーキングが失敗すると思われるやり方で試合前の準備を計画してしまっているケースが多いのです。逆にいうと，「フィットネス–疲労理論」さえきちんと理解していれば避けられたはずの失敗が多いということです。「フィットネス–疲労理論」は，それほど重要な概念なのです。

3 超回復理論 vs. フィットネス–疲労理論

　図2のモデルの「出力」が時間経過とともにどのように変化していくのかを説明した理論が「フィットネス–疲労理論」ですが，同じような概念とし

2. テーパリングのメカニズム

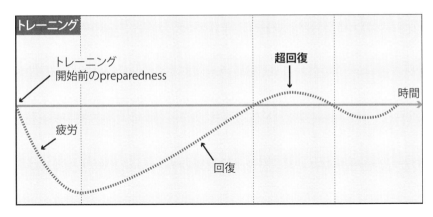

図3 超回復理論（文献9より引用）

て「超回復理論」と呼ばれるものが存在します。むしろ，トレーニングをするとどうして体力が向上するのかを説明した理論としては，「超回復理論」のほうが一般的には知られているかもしれません。

しかし，「超回復理論」は単純すぎて，トレーニングにより体力が向上する複雑なプロセスをうまく説明することができません。そして，そのような不十分な「超回復理論」的な思考に基づいてテーパリングを計画・実施してしまうと，ピーキングが失敗に終わるリスクが高くなってしまいます。一方で，「フィットネス–疲労理論」のほうが「超回復理論」よりもはるかに洗練された概念であり，テーパリングのメカニズムをよりうまく説明できるので，「フィットネス–疲労理論」に基づいてテーパリングを実施したほうが，ピーキングが成功する確率がはるかに高まるのです。

ここでは，2つの理論をそれぞれ紹介したうえで，「フィットネス–疲労理論」のほうがテーパリングのメカニズムを説明するのに適していることを解説します。

1）超回復理論（one-factor theory）

まず，「超回復理論」について簡単に説明します（**図3**）。

「超回復理論」は，生理学者のハンス・セリエによって提唱された**汎適応症候群**（general adaptation syndrome：GAS）に基づいており，その考え方をトレーニングに応用したものです[8]。

そもそも汎適応症候群は，身体が外的な刺激（ストレッサー）にどう反応するかを説明したモデルです。身体がストレッサーを受けた時に，ホメオスタシス（生物の内部環境が一定に保たれている状態）を維持するため，どのように反応するかを3つの段階に分けて説明しています。

- 警告反応期（alarm phase）：ストレッサーを受けた直後で，刺激に対する準備ができておらず，ネガティブな反応がみられる
- 抵抗期（resistance phase）：受けたストレッサーに抵抗するため，さまざまな生理的調節が起こり，ストレッサーとストレス耐性が拮抗している
- 疲憊期（exhaustion phase）：ストレッサーが強すぎたり長く続いたりすると，抵抗する力が失われ反応できなくなり，最終的には死にいたる

そのような汎適応症候群という考え方を，トレーニングに対する身体の反応に当てはめた「超回復理論」という枠組みで考えると，トレーニングを実施した直後は疲労や筋ダメージにより体力レベルあるいはコンディション（ここでは「preparedness」と呼びます）が一時的に低下します（汎適応症候群の「警告反応期」にあたる）。その後，時間が経つにつれてpreparednessが次第に回復してトレーニング前のレベルにまで戻り，さらに時間が経つとpreparednessはトレーニング前のレベルを超えて，より高いレベルに到達します（超回復，汎適応症候群の「抵抗期」にあたる）。そして，さらにそれ以上時間が経過すると，超回復効果が消滅し，preparednessがトレーニング前のレベルに再び戻ります。

つまり，時間経過とともに，トレーニングという入力に対してpreparednessという出力が，

- トレーニング前のレベルよりも低下する（疲労）

2. テーパリングのメカニズム

> 「preparedness」は，その時点で発揮可能な体力レベルのことを指す用語です。意味としては，一般的に使われる「コンディション」という言葉に近いのですが，本書においては，トレーニングという入力を身体に与えた結果としての「出力」を特定する言葉として，曖昧さを排除するために「preparedness」と呼びます。本当は「preparedness」ではなく「パフォーマンス（競技成績）」と直接的に呼びたいところですが，実際のパフォーマンスには他の要因（天候，対戦相手，技術，戦術，心理的要因など）もかかわってくるので，あくまでも「**身体的なポテンシャル**」という意味で「preparedness」と呼びます。

- トレーニング前のレベルに戻る（回復）
- トレーニング前のレベルを超える（超回復）
- 再びトレーニング前のレベルに戻る（超回復の消滅）

という変化をみせることを説明したのが「超回復理論」ということになります。ちなみに，トレーニングの負荷が強すぎて身体がうまく適応できないと**オーバートレーニング**状態に陥ってしまいますが，これは汎適応症候群の「疲憊期」にあたります。

「超回復理論」においては，トレーニングという入力に対して，preparednessという出力がただ1つの要因として，増えたり減ったりするという変化をみせるので，「**one-factor theory**（一元論，一要因論）」と呼ばれることがあります[9]。

「超回復理論」に基づいて考えると，超回復という現象が起こっているタイミング（preparednessがトレーニング前のレベルよりも高い状態）で次のトレーニングを実施することが非常に重要になります。それを繰り返すことで，どんどんpreparednessが向上していくのです（**図4a**）。

逆に，トレーニングセッション間のインターバル（日数，間隔）が短すぎると（preparednessがトレーニング前のレベルよりも低いタイミングで次

a. セッション間のインターバルが**ちょうどよい**

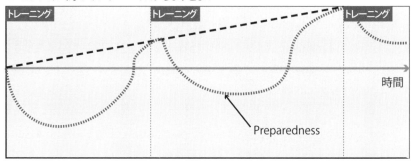

b. セッション間のインターバルが**短かすぎる**

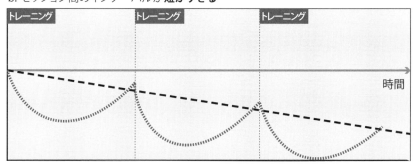

c. セッション間のインターバルが**長すぎる**

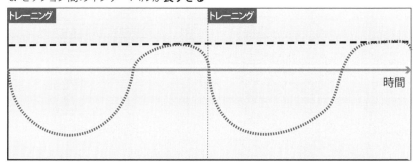

図4 超回復理論，セッション間のインターバルの違い（文献9より引用）

のトレーニングをすると），前回のトレーニングによる疲労やダメージから回復する前に，次のトレーニングによる新たな疲労やダメージがどんどん溜まっていくため，preparedness は次第に低下していくことになります（図4b）。つまり，トレーニング刺激という「入力」を身体に与えるタイミングが悪いと，せっかくトレーニングをしているにもかかわらず，どんどん preparedness が低下していくという逆効果を引き起こしてしまうことになるのです。また，この状態が長く続いてしまうと，短期間の休息では回復できないような状態，つまりオーバートレーニング状態に陥ってしまうリスクがあります。

　1回のトレーニング後，次のトレーニングを実施するまでに時間が経ちすぎてしまうと，超回復状態が消えて，トレーニング前のレベルにまで preparedness が戻ってしまいます。つまり，トレーニングセッション間のインターバルが長すぎると，preparedness が段階的に向上していくことはなく，せっかく一生懸命トレーニングをしていても preparedness が一向に変わらないまま，ということになります（図4c）。

　「超回復理論」はトレーニング理論としては非常に認知度も高く，多くの生理学やトレーニング関連の書籍にも掲載されており，競技コーチやトレーニング指導者の間にも浸透しています。しかし，その理論の正確性や有用性について疑問視する声もあり，その人気は失われつつあります[9]。

2）フィットネス-疲労理論（two-factor theory）

　「超回復理論」に対して，「フィットネス-疲労理論」は「**two-factor theory**（二元論，二要因論）」と呼ばれます[9]。ここで登場する2つの factor（要因）は「**フィットネス**」と「**疲労**」です（図5）。

　「フィットネス-疲労理論」の基本的な考え方は，トレーニングをするとフィットネスは向上する一方で疲労は蓄積し，前者はプラスの効果，後者はマイナスの効果があり，そのプラスマイナスの合計が preparedness として表面に現われてくる，というものです。

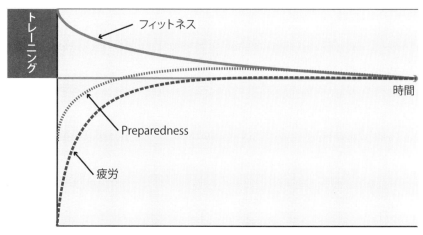

図5　フィットネス-疲労理論（文献9より引用）

- フィットネス＝プラスの出力
- 疲労＝マイナスの出力
- preparedness＝プラスマイナスの出力の合計

　「フィットネス-疲労理論」の本質を理解するためには，「トレーニング」という入力に対して，「フィットネス」と「疲労」というプラスとマイナスの出力が，時間経過とともにどのような変化をみせるのか，その特徴を把握しておくことが必要です。特に，「**急性の変化量**」と「**変化の速度**」という2点の特徴が重要になります（**表2**）。

　まず，プラスの要因である「フィットネス」の特徴をみてみます。筋力であれ持久力であれ，フィットネスというのはトレーニングを1回実施したからといって，急激に向上するものではありません。何ヵ月，何年間にもわたってコツコツと地道にトレーニングを継続することで徐々に向上していくのです。したがって，フィットネスの「急性の変化量」は小さいと考えられます。言い換えると，1回のトレーニングセッションという入力に対して，プラスの出力であるフィットネスが増える量は比較的小さいということです。

　その代わり，トレーニングにより獲得したフィットネスの向上効果は時間

2. テーパリングのメカニズム

表2 「フィットネス−疲労理論」におけるフィットネスと疲労の特徴

	急性の変化量	変化の速度
フィットネス	小さい	ゆっくり
疲労	大きい	速い

が経つとすぐに消えてしまうわけではなく，比較的長い期間にわたって持続しやすいという特徴があります。つまり，トレーニングによって向上したフィットネスがトレーニング前のレベルに戻るまで時間がかかるので，フィットネスの「変化の速度」はゆっくりである，ということになります。

次に，マイナスの要因である「疲労」の特徴について考えてみます。量や強度の高いトレーニングを実施すると，1回のトレーニングセッションだけでも大きく疲労が蓄積され，その結果としてpreparednessも一時的に大きく低下する，ということを経験したことがあるはずです。つまり，疲労の「急性の変化量」は比較的大きいのです。

その代わり，1回のトレーニングセッションで蓄積された疲労はいつまでも残っているわけではなく，時間が経過するにしたがって比較的素早く減っていくので，疲労の「変化の速度」は速いという特徴があります。

以上の特徴を踏まえたうえで，**表2**も参照しながら，もう一度，**図5**を見てください。

トレーニング直後は，フィットネスも疲労もその量が増えていますが，「急性の変化量」はマイナス要因である疲労のほうが大きいという特徴があるので，結果としてプラスマイナスの合計であるpreparednessはマイナスとなります。つまり，フィットネスそのものは向上しているのに，それが疲労によって覆い隠されている状態です。

その後，時間が経つと，向上したフィットネスは少しずつ低下していきますが，それ以上のスピードで蓄積疲労が消えていく（「変化の速度」はフィットネスよりも疲労のほうが速い）ので，preparednessはプラス方向に向かって増えていき，ある時点でプラスマイナスがゼロとなり，preparednessがトレーニング前のレベルにまで回復します。

さらに時間が経つと,「マイナス要因である疲労」と「プラス要因であるフィットネス」の大きさ（絶対値）が逆転して,後者のほうが大きくなります。その結果,プラスマイナスの合計であるpreparednessはプラスに転じて,トレーニング前のレベルを超えます。

　しかし,そこからさらに時間が経過すると,ある時点でマイナスの出力である疲労はほぼすべて取り除かれてしまうので,それ以上,マイナスの出力が減るという作用によりpreparednessが増えていくことはなくなります。したがって,その後はフィットネスが徐々に低下していくにしたがってpreparednessも低下していき,次第にトレーニング前のレベルに再び戻っていくことになります。

　以上のように,トレーニングという「入力」をした後のpreparednessという「出力」が時間経過とともにみせる変化の背景には,プラス要因の「フィットネス」とマイナス要因の「疲労」という2つの異なる存在があり,その相互関係によってpreparednessの動態が決定される,という考え方が「フィットネス−疲労理論」の本質です。

3)「超回復理論」と「フィットネス−疲労理論」の違い

　1回のトレーニングセッション後のpreparednessの動態だけに着目すると,「超回復理論」と「フィットネス−疲労理論」という2つのモデルは非常に似ているようにみえます。

　どちらのモデルにおいても,preparednessはトレーニング直後に低下し,時間経過とともにトレーニング前のレベルにまで戻り,その後トレーニング前のレベルを超えてより高い状態に到達し,さらに時間が経つと再びトレーニング前のレベルに戻るからです。そのため,トレーニングの結果として表面にみえている現象（preparedness）だけを比べると,2つの理論の間にはそれほど大きな差がないような印象を受けるかもしれません。

　「それなら,どちらの理論でも,結果は変わらないのではないか？」「one-factor theoryとかtwo-factor theoryとかいうのはしょせん言葉遊びに過ぎず,ただの机上の空論なのではないか？」と思われるかもしれません

2. テーパリングのメカニズム

が，そんなことはありません。2つの理論はまったく異なる考え方であり，どちらを信じるかによってトレーニング計画へのアプローチは大きく変わってくるのです。そして，トレーニング計画が異なれば，当然，トレーニング効果にも大きな違いが出てきます。

2つの理論の差が最も顕著になるのが，本書のテーマでもある，重要な大会に向けてのテーパリングにおける考え方です。例えば，「超回復理論」を信じているトレーニング指導者がテーパリングを計画する場合，重要な大会の数週間前に負荷の高いトレーニングを入れて一度 preparedness を大幅に低下させておいたうえで，その後は試合当日まで練習やトレーニングをほとんど行わずに疲労回復に努めることによって，preparedness の超回復の山のピークをできるだけ高くしよう，という戦略を立てるでしょう。問題はどの日にピークを合わせるか，そして，そのピークを合わせるために負荷の高い最後のトレーニングをいつどのタイミングで実施するか，ということになります。

テレビや新聞，雑誌など，さまざまなメディアを観ていると，「重要な試合に向けて，1ヵ月ほど前にアスリートを追い込むような負荷の高いトレーニングを実施して一度コンディションを落としておいたうえで，その後，試合に向けて少しずつ疲労を抜いていくことでピーキングを達成させる」という戦略をもっているトレーニング指導者や競技コーチが多いのではないか，という印象をもっています。そのような人たちは，それが意識的であれ無意識的であれ，「超回復理論」的な思考に基づいてテーパリングを計画・実行しているのです。「コンディション（preparedness）を上げるためには，その前に一度落とさないといけない」というのは，典型的な「超回復理論」的考え方です。そして，その落とし方が大きければ大きいほど，反動によってその後の超回復も大きくなるはずだ（preparedness のピークが高くなるはずだ）という考え方もまた，「超回復理論」の影響を色濃く受けているものです。

一方，「フィットネス-疲労理論」的な考え方を取り入れているトレーニング指導者や競技コーチがテーパリングを計画する場合，「フィットネスをで

きるだけ維持しつつも疲労を減らしていこう」と考えます。そうすることでプラスマイナスの合計である preparedness を高めることができるからです。そのためには，「超回復理論」信者のように，負荷の高いトレーニングと思い切った休養を組み合わせる戦略ではなく，負荷を抑えたトレーニングを試合直前まで高い頻度で実施していく，という戦略をとることになるはずです。

　負荷を抑えたトレーニング（一般的には量を減らしたトレーニング）を実施することにより疲労はそれほど残さずにすむので，蓄積された疲労を徐々に減らしていくというテーパリングの目的の達成を邪魔しません。また，頻度を極端に落とさず定期的にトレーニング刺激を身体に与えることで，テーパリング期間中にフィットネスが過度に低下すること（detraining）も防ぐことができます。そのような戦略により，「フィットネス維持＋疲労減少＝preparedness アップ」という結果につながり，ピークコンディションで試合を迎えることができる，というのが「フィットネス–疲労理論」的テーパリングの考え方です。

　このように，1回のトレーニングセッション後の preparedness の動態だけに着目すると，「超回復理論」と「フィットネス–疲労理論」という2つのモデルは非常に似ているように見えるかもしれませんが，実際には，どちらのモデルを採用するかによって，トレーニング計画立案のアプローチ方法が大きく変わってくるのです。そして，アプローチ方法が変われば，それによって生じる結果も当然変わります。つまり，トレーニング指導者や競技コーチは，2つのモデルのうちよりよい結果に結びつくと考えられるほうの理論を，適切に選択して利用する必要があるのです。

　個人的には，「超回復理論」はあまりにも単純すぎて「トレーニングに対する身体の応答・適応」という複雑なプロセスをうまく説明できているとは思えません。もし「超回復理論」が高い正確性をもって真実をうまく説明していると仮定すると，トレーニングをした後に疲労して preparedness が低下している状態で次のトレーニングをやっても意味がない，あるいは preparedness が逆に低下することになるはずです（**図 4b**）。

2. テーパリングのメカニズム

　しかし実際には，ウエイトリフターなどは，前回のトレーニングによる疲労が残っている状態でも，ほぼ毎日のように全身をトレーニングして preparedness を向上させています．つまり，1 回トレーニングをした後に，preparedness が超回復をしてトレーニング前のレベルを超えるタイミングまで待ってから次のトレーニングを実施しているわけではないにもかかわらず，それでも長期的には preparedness を向上させることに成功しているのです．

　そう考えると，「超回復理論」というモデルの有用性には疑問が残ります．むしろ，「フィットネス–疲労理論」のほうが洗練された理論であり，トレーニングにより体力が向上するメカニズムをよりうまく説明することができます[9]．

　「超回復理論」と「フィットネス–疲労理論」のどちらを選択するかによってテーパリング計画へのアプローチが大きく異なると述べましたが，実際に，ピーキングに失敗したアスリートやそのコーチは，「超回復理論」に基づいてテーパリング計画を立てていると思われるケースが多いように思います．つまり，「preparedness の大きなピークをつくるには，一度しっかりとトレーニングをして preparedness を落としておいてから，一気に疲労を抜いていくことが必要である」という考えのもとで，狙った試合の数週間から 1 ヵ月ほど前に必要以上に負荷の高い練習・トレーニングをやってアスリートを追い込んでしまい，結局，大事な試合までに疲労が抜けきらず，試合本番では身体が全然動かないという失敗につながっているケースが見受けられるのです．トレーニング指導者として，「フィットネス–疲労理論に基づいてテーパリングを実施していれば結果も違っただろうに」と忸怩たる思いでスポーツニュースを視聴した経験は一度ではありません．このような例から考えても，やはり「超回復理論」に基づいてトレーニングやテーパリングの計画を立てることはすすめられません．

　もちろん，「フィットネス–疲労理論」自体も単純すぎるし，それだけで「トレーニングに対する身体の応答・適応」という複雑なプロセスをすべて完璧に説明できるわけではありません．しかし，トレーニング指導者や競技

コーチが，トレーニング計画やコンディション調整を考えるうえで参考にするモデルとして十分使えるものですし，「超回復理論」よりもはるかに洗練された概念であることはまちがいありません。実際に，「フィットネス−疲労理論」の妥当性は，練習やトレーニングの負荷（入力）とパフォーマンス変動（出力）の関係を数学的なモデルを使って調べた研究によっても支持されています[1, 2, 6]。

したがって，トレーニング指導者や競技コーチとしては，「超回復理論」よりも「フィットネス−疲労理論」という考え方を取り入れて，トレーニング計画を立てたりコンディション調整をしたりすべきだと信じています。そして，「フィットネス−疲労理論」的な考え方が特にその真価を発揮するのが，本書のテーマである「テーパリング」を計画して運用するときなのです。

4 テーパリングがピーキングにつながるメカニズム

ここまでで「フィットネス−疲労理論」の有効性とその内容については，理解できたと思います。そこでここからは，なぜテーパリングという手段を用いると（練習・トレーニングの負荷を徐々に減らしていくと）ピーキングという目的を達成できるのか，そのメカニズムについて，「フィットネス−疲労理論」を使って説明します。

まず，「フィットネス−疲労理論」の考え方に基づくと，テーパリングの究極の目標は，単純に疲労を取り除くことではありません。また，フィットネスをできるだけ高めることでもありません。では何かというと，「狙った試合に向けて preparedness をできるだけ高め，そのピークを合わせること」です。つまり，プラスの出力であるフィットネスとマイナスの出力である疲労のバランスをうまくとることが重要なのです。どちらか一方だけを最大限に高めたり，最小限に抑えたりするだけでは不十分なのです。言い換えると，フィットネスと疲労の大きさ（絶対値）の差をできるだけ広げることが目標になります。

2. テーパリングのメカニズム

> **テーパリングの究極の目標は，狙った試合に向けて preparedness をできるだけ高めてそのピークを合わせること。**

　重要な試合前に疲労を抜きさえすれば，最高のコンディションで試合に臨めるという単純なことではないのです。「テーパリングのメカニズム＝疲労の除去」という単純な理解から脱却し，より深いレベルでテーパリングのメカニズムを理解するためには，この考え方を押さえておくことが非常に大切になります。

　極端なことをいうと，フィットネスのレベルをより高くして，結果としてプラスマイナスの合計である preparedness がより高いレベルに到達するのであれば，重要な試合を迎える時に，疲労が多少残っていてもよいのです。ただし，現実的には，テーパリングを実施する数週間という短い期間で preparedness を高めるには，フィットネスを向上させるよりも蓄積している疲労を取り除くほうが手っ取り早く有効な手段なので（疲労のほうが「変化の速度」が速いから），テーパリングにおいては「疲労の除去による preparedness の向上」がメインのアプローチになります（テーパリング期間中にフィットネスを高める可能性を否定しているわけではありません）。

　要するに，トレーニングという入力を「する」ことにより引き起こされるメリット（フィットネス向上）とデメリット（疲労蓄積），トレーニングという入力を「しない」ことにより引き起こされるメリット（疲労軽減）とデメリット（フィットネス低下＝detraining），そしてそれぞれの効果の大きさが時間経過とともに変化することで，その相互作用である preparedness がどのように変わっていくのかを見極めたうえで，フィットネスと疲労の最適なバランスを探っていくという作業が必要になるのです。

　これは非常に複雑で難しい作業なので，まさにテーパリング計画担当者の腕が試されるところです。そしてその腕を磨くためには，テーパリングを計画・運用する経験を積み重ねることはもちろん，まずは「フィットネス–疲労理論」をベースにして，テーパリングのメカニズムを深く理解しておくことが何よりも重要なのです。

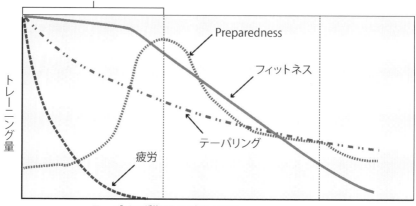

図6　テーパリングのメカニズム（**文献4より引用**）

次に、テーパリングを実施することで、なぜpreparednessを向上させてピークにもっていくことができるのかを説明していきます。

図6にテーパリングのメカニズムを示しました。ここでは、テーパリング開始前の時期（pre-taper period）に数週間から数ヵ月間にわたって、ある程度の量（通常レベル）の練習・トレーニングをこなせているケースを想定して話を進めます。つまり、通常の練習・トレーニングを継続している状況からテーパリングを開始する「標準的なシナリオ」です。

まず、ある一定の期間、継続して練習・トレーニングが積めているのであれば、テーパリングを開始する段階においては、フィットネスのレベルは高まっているはずです。一方で、疲労もそれなりに蓄積していると想定されます。そのような状態からテーパリングを開始する、つまり練習・トレーニングの負荷を徐々に減らしていくと、フィットネスも疲労もどちらも低下していくことになります。入力を減らせば、プラスの出力もマイナスの出力も両方減っていくのは当然です。

ここで重要なのは、フィットネス（プラスの出力）も疲労（マイナスの出

2. テーパリングのメカニズム

力) もどちらも徐々に減っていきますが，その低下のスピードは両者で異なるという点です。「フィットネス−疲労理論」の説明でも述べたように，「変化の速度」はフィットネスよりも疲労のほうが相対的に速いという特徴があります (**表2**)。つまり，テーパリング期間中は，「フィットネスの低下」よりも「疲労の減少」のほうが速いスピードで進むのです。その結果，プラスマイナスの合計である preparedness が増えていくことになります。つまり，この「フィットネスと疲労の低下速度の差」こそが，テーパリングがピーキングにつながるカラクリ（メカニズム）なのです。

> **テーパリングのメカニズム ＝ 疲労が減少する速度 ＞ フィットネスが低下する速度**

　理想的には，テーパリング期間中であってもフィットネスをできるだけ最大限に高め，疲労をできるだけ取り除き，その結果 preparedness を最大限に高めたいところですが，現実としてそれは不可能です。両立はできないのです。したがって，テーパリング期間中に練習・トレーニングの負荷を徐々に減らしていくと，フィットネスも疲労もどちらも低下しますが，疲労の低下速度のほうが速いという特徴をうまく利用して，両者の最適なバランスを獲得することで，preparedness をピークにもっていくことを目指すのがテーパリングの目標になります。

　ここで，「テーパリング期間中はフィットネスも低下する」と聞くと，「重要な試合の前にフィットネスが低下してもいいのだろうか？」と不安になるかもしれません。しかし，すでに説明したように，テーパリングの究極の目標は preparedness を高めてそのピークを重要な試合に合わせることです。フィットネスをできるだけ高め，そのピークを合わせることではありません。たとえフィットネスが最大限に高まったとしても，疲労が大きく蓄積してしまっていれば，せっかく高めたフィットネスは疲労により覆い隠されてしまい，結果として preparedness はピークにならないので意味がありません。

　したがって，テーパリング期間中はフィットネスが低下してもいいので

す。むしろ，テーパリング期間中はフィットネスが多少は低下するのが普通であると捉えておくくらいのほうが，考え方としては健全です（テーパリング中にフィットネスが向上する可能性がまったくないわけではありませんが）。そう割り切ったうえで，テーパリング中のフィットネスの低下量をできるだけ抑えて可能なかぎり維持しつつ，疲労を最大限に取り除くためにはどうしたらよいのか，という観点で戦略を立てるのがテーパリングの正しい取り組み方だといえます。

　この「テーパリング期間中はフィットネスも多少は低下するのが普通である」という考え方を別の角度からみてみると，ピーキングを成功させるためには，テーパリングを開始する前の時期（pre–taper period）にしっかりと練習・トレーニングを積んでおいて，あらかじめフィットネスを高めておくことがいかに重要なのかがわかるはずです。なぜなら，テーパリングそのものによってフィットネスが大幅に高められるわけではないからです。あくまでも，テーパリング開始前に高めておいたフィットネスが，疲労というマイナスの出力によって覆い隠されていて見えない状態だったのが，テーパリングをして練習・トレーニングの負荷を徐々に減らすことで疲労が取り除かれるのに伴い，表面に出てくるだけなのです。つまり，フィットネスを向上させるという「強化」の部分は，テーパリングを開始する前の時点で終えておく必要があるのです。

　逆にいうと，テーパリング開始前の段階でしっかりと練習・トレーニングがこなせず，強化できていないような状況では，そもそもフィットネスのレベルが高まっておらず（逆に低下している可能性もある），疲労もそれほど蓄積していないでしょう。そのような状態からマニュアルどおりにテーパリングを開始し，練習・トレーニングの負荷を徐々に減らしたとしても，取り除くべき疲労がそれほど残っていないため，マイナスの出力である疲労を減らすというメカニズムで preparedness を向上させるのは難しくなります。また，そもそも低下しているフィットネスがさらに低下していくことになるので，重要な試合に向けてのピーキングが成功する確率は低いはずです。

　したがって，ピーキングを成功につなげるためには，テーパリングを計画

する時に、テーパリング期間中の練習・トレーニングの負荷の減らし方をどうするかだけでなく、その前の期間（pre-taper period）における強化をどう実施するかも合わせて考えることが重要になります。つまり、「テーパリング計画」は、重要な試合前の数週間だけでなく、もっと長いスパンで考えるべきものなのです。強化（フィットネスの向上）には時間がかかることを考慮すると、「テーパリング計画」には、実際のテーパリング期間も含めて、数ヵ月の準備が必要になります。

> ピーキングを成功させるには、テーパリング期間中に練習・トレーニングの負荷をどう減らすかを考えるだけでなく、その前の期間（pre-taper period）における強化をどう実施するかまで含めて計画する必要がある。

　適切なテーパリングを実施することでpreparednessをピークにもっていくことができるということは、別の見方をすれば、ピーク（頂点）を過ぎるとpreparednessが低下していくことを意味しています（図6参照）。上がったものが下がらなかったら、そこはピークではないのですから、当たり前のこととも言えます。

　そこで、次にpreparednessが一度ピークを迎えた後、低下していくメカニズムを「フィットネス-疲労理論」の観点から考えてみます。前述したように、テーパリングがピーキングにつながるメカニズムは「フィットネスと疲労の低下速度の差」です。つまり、「疲労が減少する速度＞フィットネスが低下する速度」という関係が保たれている間は、preparednessは向上し続けます。逆に、この関係が逆転して「疲労が減少する速度＜フィットネスが低下する速度」となった時にpreparednessはピークを超えて低下をはじめることになります。では、この関係が逆転するのはいつでしょうか。それは、それまで蓄積されていた疲労がほとんど取り除かれてゼロに近づいた時です。

　テーパリングによって練習・トレーニングの負荷を徐々に減らしていくと、蓄積された疲労は減少していきますが、いつかはすべての疲労が取り除

かれてほぼゼロの状態になります。そして，疲労がいったんゼロになってしまうと，それ以上「マイナスの出力である疲労を減らす」という作用によってプラスマイナスの出力の合計であるpreparednessを向上させることができなくなります。一方，プラスの出力であるフィットネスは，テーパリング期間中は練習・トレーニングの負荷の減少に伴いひたすら低下し続けていくので，ひとたび疲労がほぼすべて取り除かれてゼロに近づいてしまうと，フィットネスの低下に並行する形でpreparednessも下がっていくことになります。

　図6をみると，疲労がゼロになるのに伴い，一度ピークを迎えたpreparednessが，その後はフィットネスの低下に並行して，低下しているのがわかります。一度preparednessがピークを迎え，その後，低下しはじめると，短期間でそれを逆転させるのは非常に難しくなります。

　そもそもpreparednessがピークを過ぎた段階では疲労はほぼゼロなので，再びpreparednessを増やす方法としては，フィットネスを向上させる選択肢しか残されていません。それ以上疲労を減らすことはできないのですから。そこで，テーパリングをいったん中止して，練習・トレーニングの負荷を再び増やせばフィットネスは向上していくはずですが，それと同時に疲労も蓄積します。そして，「急性の変化量」は疲労のほうが大きいという特徴があるので，練習・トレーニングの負荷を増やしはじめた直後は，むしろマイナスの出力である疲労の変化量のほうがプラスの出力であるフィットネスの変化量を上まわることになり，その結果としてプラスマイナスの合計であるpreparednessがさらに低下してしまう可能性が高いのです。

　ある程度の期間，練習・トレーニングを積んでフィットネスを十分高め直してから，再びテーパリングを実施して疲労を取り除いていけば，再びpreparednessを高めていくことは可能です。しかし，それを実現するためには数週間では足りず，数ヵ月単位の時間がかかると考えたほうがよいでしょう。

　したがって，テーパリングがうまくいかずにピーキングのタイミングがずれてしまう，つまりpreparednessのピークが狙った試合よりも早めにきて

しまい，ピークを超えた preparedness が一度低下をはじめてしまうと，狙った試合までに残されたわずかな期間でその流れを逆転させることは，ほぼ不可能になります。そのような事態を避けるためには，テーパリング期間の長さの設定や練習・トレーニングの負荷の減らし方を十分検討し，pre-paredness のピークがあまり早くきてしまわないように，細心の注意を払う必要があります。

　以上のように，「フィットネス–疲労理論」をしっかりと理解しておくと，テーパリングのメカニズムについての理解度が格段に向上することがわかっていただけたかと思います。また，テーパリングのメカニズムに対する理解が深まった結果，ピーキングの成否に影響を及ぼす可能性のあるさまざまな要因（例えば，テーパリング開始前のトレーニング，テーパリング期間の長さの設定など）の存在にも気づくことができます。そして，それらの要因をどのようにコントロールすればピーキングの成功率を上げることができるのかについても，「フィットネス–疲労理論」に基づいて考えればおのずと答えが出てきます。「超回復理論」的な単純な思考では，ここまで深くテーパリングについて考察して理解することは難しいでしょう。

5 テーパリングに入る前の時期（pre–taper period）の重要性

　ピーキングを成功させるためには，テーパリングを開始する前の時期（pre–taper period）にしっかりと練習・トレーニングをこなし，あらかじめフィットネスを高めておくことが重要であることについては少し触れました。この点について，もう少し深く掘り下げて説明します。

　まず，テーパリングを開始する前の時期にしっかりと練習・トレーニングをこなしておくことが重要な理由は大きく2つにまとめられます。

- テーパリングをしてもフィットネスは向上しない（むしろ，テーパリング中はフィットネスが少しずつ下がっていく可能性が高い）

- テーパリングが preparedness 向上につながる主なメカニズムは「マイナスの出力である疲労を減らすこと」である

テーパリング中は，フィットネスが向上するどころか少しずつ低下していく可能性が高い，という事実を理解できれば，テーパリングを開始する前の段階でフィットネスをしっかりと高めておくことがいかに重要なのかも理解できるはずです。一度テーパリングがはじまってしまえば，それ以上フィットネスを高めることは難しいので，できるだけテーパリング開始前にフィットネスを高める「強化」を終えておく必要があります。

そして，「フィットネス–疲労理論」の説明で，フィットネスの特徴として「急性の変化量」が小さいという説明をしましたが（**表2**），これは，テーパリング中に練習・トレーニングの負荷を減らしてもフィットネスが急激に低下することはない（フィットネスは維持しやすい）ことを意味しているのと同時に，逆にフィットネスの向上には時間がかかることも意味しています。フィットネスは減るのも遅いが，増えるのも遅いのです。つまり，フィットネスは，急に激しいトレーニングを1週間したからといって，すぐに向上するようなものではないのです。長い期間コツコツと継続して小さな向上を積み重ねていくことが大切なのです。

したがって，テーパリング開始前にフィットネスを十分高めておくためには，ある程度の期間にわたってしっかりと練習やトレーニングを積み重ねておくことが必要になります。テーパリングを計画する時は，テーパリング期間だけでなく，その前の強化段階も含めてセットで考えることが重要だと述べましたが，この強化段階の期間は，数週間程度の短いものではなく，数ヵ月単位の長い期間を想定しておくことが望ましいでしょう。

テーパリングそのものは数週間程度で終わるような比較的短いプロセスですが，テーパリングのプランニングに関しては，それよりも大きな視野で長期戦略として取り組む必要があるのです。多くの場合，ピーキングが必要となる重要な試合は，シーズンの最後に予定されていることが多いと思いますが，理想的には，シーズン全体の長期計画を考える時点で，テーパリングを

2. テーパリングのメカニズム

どうするか,そしてテーパリング期間につながる pre-taper period をどうするか,ということを考えておくことが必要なのです。

また,テーパリングが preparedness 向上につながる主なメカニズムが「マイナスの出力である疲労を減らす」ことであるということは,テーパリング開始時に疲労が蓄積していない場合は,そもそも減らすべき疲労が存在しないので,テーパリングをしても preparedness は増えないことを意味しています。むしろ,そのような状況でテーパリングをして練習・トレーニングの負荷を徐々に減らしていくとフィットネスは少しずつ低下していく一方で疲労はそれ以上減らないので,結果としてプラスマイナスの出力の合計である preparedness は下がってしまう可能性が高いでしょう。なんでもかんでもテーパリングをすれば preparedness が増えるわけではないのです。マニュアルどおりにテーパリングを適用したにもかかわらず,ピーキングがうまくいかない場合もあるということです。これこそ,「フィットネス-疲労理論」をベースにして,テーパリングがピーキングにつながるメカニズムを理解しておくことの重要性を,本書で強調して説明している理由の1つなのです。

表現としては奇異に聞こえるかもしれませんが,テーパリングをしてピーキングを成功させるためには,テーパリング開始時点においてある程度の疲労が蓄積されている必要があります。ただし,なんでもいいからとりあえずテーパリング開始前にアスリートを疲労させておけばいいというわけではありません。どうせ疲労が蓄積してしまうのであれば,練習・トレーニングをしっかりと積んでおいて,フィットネスも同時に向上させておくことが,よりよいテーパリングにつながります。

ここまで,テーパリングのメカニズムをうまく働かせるためには,pre-taper period において十分な練習・トレーニングを積み,フィットネスを高めておき,疲労も蓄積させておくのが重要だと述べてきました。ただし,ここで強調したいのは pre-taper period において前もって強化をしておくことの重要性であって,必ずしも pre-taper period が特別な期間であるとか特別な強化策を取り入れなければならいと主張をしているわけではありま

せん。あくまでも，pre-taper period においては，通常レベルの練習・トレーニングをある程度の期間（数ヵ月間）にわたり継続できていれば十分です。

　場合によっては，意図的に pre-taper period における練習・トレーニングの負荷を増やすような「**pre-taper overload training**」と呼ばれる手法を用いることもあります。しかし，これは高等テクニックであって，テーパリング初級者向けではありません。ある程度「フィットネス-疲労理論」とテーパリングのメカニズムを理解していないと使いこなすことが難しく，逆に失敗してしまうリスクも高いので，万人におすすめできる方法ではありません。まずは，次項で説明する「テーパリングが失敗しうるシナリオ」を理解し，そのリスクを認識してください。そのうえで，「pre-taper overload training」を取り入れるのであれば，第3章での説明を参考にしながら，細心の注意を払って実施してください。

6 テーパリングが失敗しうるシナリオ

　第1章で，テーパリングは「攻めの戦略」というよりも「守りの戦略」であると述べました。まずは失敗しないように，守りを固めることを優先しようということです。

　失敗を避けるためには，本章で説明をした「フィットネス-疲労理論」の考えをもとにして，テーパリングがピーキングにつながるメカニズムをしっかりと理解しておくことが最も大切です。それに加えて，テーパリングが失敗してしまういくつかのシナリオをあらかじめ想定しておき，そのような状況を避けるように注意を払いながらテーパリング計画を立てることも，「守りの戦略」としては有効な方法です。

　そこで，ここでは「こういう状況においてはテーパリングが失敗するリスクが高い」と想定されるシナリオをいくつか紹介し，なぜ失敗するのかを「フィットネス-疲労理論」に基づいて説明します。このようなケーススタディを通じて，「フィットネス-疲労理論」とそれに基づくテーパリングのメカ

2. テーパリングのメカニズム

ニズムの理解をさらに深めてください。また，それと同時に，あらかじめ避けられるはずの失敗のシナリオを知っておけば，ピーキングの失敗を防げるようなディフェンス能力を身につけることもできます。もちろん，すべての失敗のシナリオを網羅することは不可能なので，ここでは典型的な失敗例を取り上げます。

シナリオ1：追い込むようなトレーニングをして一度preparednessを落としてからテーパリングを開始する

トレーニング指導者や競技コーチ，アスリートには，「ピーキングを成功させるためには，狙った試合の数週間前に，追い込むような負荷の高いトレーニングをして，一度preparednessを落としておかないといけない」という先入観をもっている人が多くみられます。一度，疲労困憊まで追い込んでおいてから，その後テーパリングをして徐々に疲労を抜いていくことで，preparednessがグングンと上がり，結果として重要な試合の時にピークにもっていくことができる，という考え方です。

実際のところ，「そのようなやり方こそがテーパリングだ」と勘違いしている人のほうが多いのかもしれません。正直に告白すると，私自身も大学に入ってスポーツ科学を学ぶまでは（もっというと「フィットネス-疲労理論」を学んでその内容をしっかりと理解するまでは），漠然とそのような考えをもっていました。小学生時代に，市内陸上大会に向けてハードルの練習をしていて，大会本番数週間前の時点で非常に量の多い練習をさせられ，身体がボロボロになり測定タイムも大幅に落ちていたのに，「今は追い込む時期だからそれでいいんだ。大会直前に練習量を減らしていけば疲労が抜けてタイムも上がるから」と体育教師にいわれた経験が記憶に残っていたせいでしょう。実際は，本番の陸上大会までに疲労が回復せずに，自己記録にも届かない結果で終わったのですが。

残念ながら，「ピーキングを成功させるためには，狙った試合の数週間前に，追い込むような負荷の高いトレーニングをして，一度preparednessを落としておかないといけない」という考え方には科学的な根拠が乏しく，そ

のようなアプローチでテーパリングを計画しても，ピーキングは失敗に終わる可能性のほうが高いです。

　実際に，上記のような考え方に基づいて，大きな試合の数週間前に短期間の強化合宿をセッティングし，練習・トレーニングの負荷を急に増やして2部練習などでアスリートを追い込んだにもかかわらず，その後は疲労が回復し切れず，狙った試合では身体が全然動かずに惨敗してしまった，というケースをよくみかけます。

　もちろん，そのような戦略でテーパリングを実施しても，たまたま幸運が重なってよい競技成績を収める可能性はゼロではありません。しかし，テーパリング計画のアプローチ（考え方）としては根本的にまちがっているため，成功の再現性は低くなります。

　確かに，一度負荷の高いトレーニングで追い込んでおいてから，その後，練習・トレーニングの負荷を減らしていけば，コンディション（preparedness）がグングンと上がっていく感覚を得ることはできるかもしれません。そして，そのような感覚に基づいて，ピーキングが順調に進んでいるという印象をもたれるかもしれません。アスリートの主観としても，「なんだか疲労が抜けてきて調子が上がってきているぞ」という手応えがあるはずです。しかし，テーパリングの目的はpreparednessをできるだけ高めた状態で狙った試合に臨むことであって，preparednessがグングンと上がっていく状況をつくり出すことではありません。

　例えば，preparednessのレベルが20（任意の数字）だった状態から追い込むような負荷の高いトレーニングをして，疲労により一時的にpreparednessが10まで下がったとします。その後，練習・トレーニングの負荷を減らせば，疲労が取り除かれるのに伴いpreparednessのレベルがグングンと上がって15くらいまで達するかもしれません。しかし，この状態で狙った試合に臨むことになったら，ピーキングは失敗です。せっかく負荷が高くて厳しいトレーニングをやったのに，試合当日のpreparednessがその前のレベルの20よりも低下してしまっているのですから。

　したがって，preparednessがグングンと上がることと，ピーキングが成

2. テーパリングのメカニズム

功することは別物であると認識しておく必要があります。極端な話，上記の例で，preparedness のレベルが 20 の状態から適切なテーパリングを開始し，疲労が抜けて preparedness が 21 に上がったら，ピーキングは成功なのです。Preparedness がグングンと上がる感覚は得られないかもしれませんが，そのような感覚があったとしても preparedness が 15 までしか回復しないよりは，はるかによいコンディションで試合に臨めることになります。

このようなまちがいを犯してしまう根本的な原因は，以下の 3 つが考えられます。

- 「超回復理論」的な思考に基づいてテーパリングを計画している
- 追い込むような負荷の高いトレーニングをすれば，短期間であっても急激にフィットネスを向上できると誤解している
- テーパリングによって得られるパフォーマンス向上効果がどの程度なのかを把握しておらず，過剰な期待をもっている

以下，それぞれについて説明します。

One-factor theory とも呼ばれる「超回復理論」的な考え方では，テーパリングを実施して preparedness を大きく向上させ，そのピークを重要な試合に合わせるためには，テーパリングに入る前に一度大きな入力（トレーニング）を身体に与えて preparedness を落としておいてから，その後はそれ以上の入力を与えずに疲労回復に励み，大きな超回復効果を狙うアプローチをとることになります。「ピーキングを成功させるためには，狙った試合の数週間前に追い込むようなトレーニングをして，一度 preparedness を落とさないといけない」という先入観は，まさにこの「超回復理論」に基づいています。

すでに説明したように「超回復理論」は単純すぎて「トレーニングに対する身体の応答・適応」という複雑なプロセスをうまく説明することができません。一方，テーパリングがピーキングにつながるメカニズムは，「フィットネス–疲労理論」に基づいて考えたほうが，はるかに明確に説明がつきます。また，前述したように，「フィットネス–疲労理論」の妥当性は，練習や

トレーニングの負荷（入力）とパフォーマンス変動（出力）の関係を数学的なモデルを使って調べた研究によっても支持されています[1, 2, 6]。

したがって，「追い込むようなトレーニングをして一度 preparedness を落とさないといけない」という誤った先入観に基づいてテーパリングを計画し，結局疲労が抜けきらないまま試合を迎えるというピーキングの失敗のシナリオを避けるためには，「超回復理論」的な考え方を捨てる必要があります。その代わりに，「フィットネス-疲労理論」的な考え方に基づいてテーパリングを計画すれば，少なくともそのような失敗は避けることができます。

具体的にいうと，テーパリング開始前の pre-taper period においては，通常のレベルの練習・トレーニングをある程度の期間にわたって実施し，テーパリング開始後は疲労を抜きつつフィットネスを維持するために，負荷を減らした練習・トレーニングを継続して実施していくというアプローチです。テーパリングを開始する前に，追い込むような負荷の高いトレーニングを実施して preparedness を落としておく必要はないのです。

次に，このような失敗をしてしまう原因の2つ目の「短期間で追い込むようなトレーニングをすれば急速にフィットネスを向上させることができる」というまちがった思い込みについて説明します。

すでに「フィットネス-疲労理論」の説明で述べたように，プラスの出力である「フィットネス」の特徴として，「変化の速度が遅い」というものがあります（**表2**）。つまり，狙った試合の数週間前に短期間だけトレーニングの負荷を急激に増やしたからといって，急にフィットネスを大幅に向上させることはできないのです。フィットネスを向上させるには，ある程度の期間，継続してトレーニングを実施する必要があります。付け焼き刃は通用しないのです。

その一方，マイナスの出力の「疲労」については，「急性の変化量が大きい」という特徴があります（**表2**）。つまり，短期間だけ追い込むようなトレーニングをしてもフィットネスは急に向上しませんが，疲労は短期間であっても大きく蓄積してしまうリスクがあるということです。その結果，プラスマイナスの合計である preparedness が大きく低下した状態で重要な試合を

2. テーパリングのメカニズム

迎えることになりかねず,これこそがまさにピーキングが失敗してしまうメカニズムなのです。

したがって,「フィットネスは急には向上しない」という点を理解しておくことは,ピーキングを失敗させないためには非常に重要になります。

最後に,失敗をしてしまう3つ目の原因の「テーパリングによって得られるパフォーマンス向上効果がどの程度なのかを把握しておらず,過剰な期待をもっている」ことについて説明します。

第1章でも紹介したように,最適なテーパリングによって期待できるパフォーマンス向上効果は平均で3%程度です。テーパリングは魔法ではないので,重要な試合前の数週間だけでパフォーマンスを一気に10%も20%も向上させることはできません。パフォーマンスを向上させるために重要なのは,地道にコツコツと継続して練習・トレーニングを積み重ねておくことなのです。

しかし,平均3%という数字を知らずに,テーパリングをすれば短期間でパフォーマンスを10%も20%も向上させることができるという幻想を抱き,さらにそこに「超回復理論」的な思考が重なってしまうと,非常に危険です。追い込むような練習・トレーニングをしてpreparednessを一度大きく落としておけば,その跳ね返り(超回復)も大きなものになり,結果としてパフォーマンスを一気に大きく向上させることができると勘違いしてしまうからです。

すでに説明したとおり,このアプローチでは短期間であっても疲労が過剰に蓄積してしまう一方でフィットネスは急に向上しないので,結果としてpreparednessが低下した状態で試合に臨むことになり,ピーキングが失敗してしまうリスクが高まります。

テーパリングの効果に過剰な幻想を抱かず,パフォーマンス向上効果は平均3%程度であるという科学的知見を知ったうえで,「フィットネス–疲労理論」に基づいてテーパリング計画を立てれば,このような失敗を避けることができます。

シナリオ2：pre-taper periodに練習・トレーニング量が減っている状況で，マニュアル的なテーパリング戦略をそのまま当てはめてしまう

　テーパリングに入る前の時期であるpre-taper periodに，練習・トレーニングをしっかりとこなしておくことの重要性はすでに説明しました。あらかじめ時間をかけてフィットネスを高めておき，テーパリング開始前に「強化」を終わらせておくことが重要であるということです。また，pre-taper periodは，数週間程度の短いものではなく，数ヵ月単位の長い期間を想定しておくことが望ましいことも説明しました。フィットネスの向上にはそれだけの時間がかかるのです。

　しかし，常にそのような理想的なシナリオからテーパリングを開始できるわけではありません。場合によっては，pre-taper periodにおいて練習・トレーニング量が減っている状況からテーパリングを開始せざるをえないケースも出てきます。

　例えば，学生アスリートの場合，狙った試合の数週間前に期末試験があって，テスト勉強に集中するため，その直前の時期には練習・トレーニング量を大幅に減らさざるをえないという状況があるかもしれません。あるいは，体調を崩したり，ケガをしたり，身体のどこかを痛めたりして，pre-taper periodにあまり積極的に練習やトレーニングを積むことができないということも十分考えられます。また，ピーキングの目標となる最も重要な試合（オリンピック，世界選手権，日本選手権など）の1〜2ヵ月前にも他の試合の予定が組み込まれていて，出場せざるをえない状況があったとしたら，pre-taper periodにおける練習・トレーニング量は減ってしまいます。

　他にも珍しい例ですが，オリンピック出場が決定したアスリートは，本番の2〜3ヵ月前に壮行会へ招かれることが多く，出身地が遠く離れている場合などは，壮行会に出席するだけで移動も含めて数日間はとられてしまい，その間は練習やトレーニングができなくなるという例があります。すべての壮行会をまとめて一度に開いてくれればいいのですが，実際のところは出身地の都道府県や市町村，母校などの壮行会が別々に実施されることも多く，

2. テーパリングのメカニズム

何度も出身地へ足を運ばないといけなくなり，全体的な練習・トレーニング量が大幅に減ってしまうという場合があります．これは，リオ五輪に出場するアスリートのトレーニング指導を担当していた時に実際に経験したことで，恥ずかしながらそのような状況をまったく想定していなかったため，テーパリング計画の修正を余儀なくされるということがありました．もしオリンピックに出場するアスリートのテーパリング計画を担当する機会があれば，この「壮行会」の存在をあらかじめ知っておき，それを想定したうえでテーパリング計画を立てていただきたいと思います．

　原因が何であれ，そのように pre-taper period における練習・トレーニング量が減り，しっかりと強化ができない状況は確実にあります．そのような状況下で，マニュアル的なテーパリング戦略をそのまま当てはめ，練習・トレーニングの負荷を徐々に減らしていくと，ピーキングが失敗するリスクが高くなります．その理由を「フィットネス-疲労理論」をもとにして解説します．

　まず，pre-taper period において練習・トレーニング量が減っている状況では，テーパリング開始時における「フィットネス」のレベルは低い状態にあります（通常どおりの練習・トレーニング量をこなせていた場合と比較して）．一方，マイナスの出力である「疲労」については，しっかりと練習・トレーニング量をこなせている場合と比較すると，それほど蓄積していないはずです．

　そのような状況で，いわゆるマニュアル的なテーパリングを当てはめる，つまり練習・トレーニングの負荷を徐々に減らしていくと，そもそも取り除くだけの疲労が蓄積していないので，「マイナスの出力である疲労を減らすことで preparedness を増やす」というメカニズムを働かせてピーキングを成功させる可能性は低いわけです．

　その一方で，プラスの出力であるフィットネスはテーパリング開始時点ですでに低い状態にあり，そこから通常のテーパリングを開始して練習・トレーニングの負荷を徐々に減らしていくと，フィットネスは良くても維持できる程度，むしろ少しずつ低下していく可能性のほうが高くなります．

したがって，pre-taper period において練習・トレーニング量が確保できていないにもかかわらず，テーパリング期間がはじまったらマニュアル的に練習・トレーニングの負荷を徐々に減らしてしまう，つまり一般的なテーパリング戦略をそのまま当てはめてしまうと，preparedness が向上しないどころか低下してしまい，結果としてピーキングが失敗してしまうリスクが高まるのです。たとえ，preparedness が向上したとしても，そのピークが早くきてしまい，重要な試合を迎えるころには preparedness が低下を始めている可能性が高いでしょう。

では，pre-taper period での練習・トレーニング量が不足している状況におけるテーパリングの適切なやり方はどのようなものになるのでしょうか。この点に対する答えも，「フィットネス–疲労理論」をもとに考えれば，自ずとみえてきます。

まず，pre-taper period における練習・トレーニング不足により，テーパリング開始時点において疲労がそれほど蓄積していないのであれば，テーパリング期間中に疲労を取り除く必要性は通常よりも低いはずです。そのような状況では，マイナスの出力を取り除くことで preparedness を向上させていく作用はあまり期待できません。一方，プラスの出力であるフィットネスはテーパリング開始時点で低下しており，そこから通常どおり練習・トレーニングの負荷を減らしていくと，さらに低下する（detraining）リスクが高まります。つまり，pre-taper period における練習・トレーニング量が不足している場合は，テーパリング期間中の練習・トレーニングの負荷の減らし方を調整する必要があるのです。そして，その調整の仕方としては，理論上，

- テーパリング期間を短縮する
- テーパリング中の練習・トレーニングの負荷の減らし方を抑える

の2つのパターンが考えられます。

第3章でも詳しく紹介しますが，現在の科学的知見によると，最適なテーパリング期間は2週間弱とされています。この期間を例えば1週間に短縮

し，それまでの残りの 1 週間は通常レベルの練習・トレーニングを継続するという選択をすると，フィットネスの低下を多少は抑えることができます。1 週間という短期間でフィットネスを大きく向上させるのは難しいので，期待できるのはあくまでも「フィットネスの低下を多少抑える」程度の効果にすぎませんが，そのような調整をしない場合と比べれば，多少は preparedness が高い状態で試合に臨めることになります。また，この状況においてはそもそも疲労の蓄積量は少ないので，テーパリング期間を短縮しても，狙った試合までに疲労を取り除き切れなくなるリスクも小さいでしょう。

あるいは，テーパリング期間の長さは変えずに（2 週間弱のまま），テーパリング期間中の負荷の減らし方を調整するという選択肢もあります。現在の科学的知見によると，テーパリング期間中は練習・トレーニングの量を 41〜60％程度減らすのが最適とされていますが（これも第 3 章で説明します），それを 21〜40％程度に抑えるということです。そもそも疲労の蓄積は少ないので，それでも狙った試合までに疲労を残さずに取り除くことができる可能性が高いですし，フィットネスの低下も多少は抑えることが期待できます。

どちらの方法が最適なのかを判定することは難しいので，状況に応じて使い分けたり，場合によっては 2 つの方法を組み合わせてもよいでしょう。このケースにおける唯一絶対の正解はありません。重要なのは，pre–taper period における練習・トレーニング量が不足している状況では，テーパリング開始時における「フィットネス」と「疲労」の大きさに影響を及ぼすことを理解したうえで，「フィットネス–疲労理論」に基づいてテーパリング戦略を修正することです。そして，そのような状況において最適な判断および修正ができるようになるためには，テーパリングのメカニズムをしっかりと理解しておくことが必要不可欠なのです。

シナリオ 3：なかなか preparedness が上がってこないからといって一時的に練習・トレーニングの**負荷を増やしてしまう**

重要な試合の数週間前，そろそろテーパリングを開始しようという段階に

なって，コンディション（preparedness）が想定以上に低下していてなかなか上がってこないという状況があった場合，「狙った試合までにコンディション調整が間に合わない」と焦ってしまい，フィットネスを向上させようとして一時的に練習・トレーニングの負荷を急激に増やしたくなるかもしれません。しかし，そのような対策が成功する可能性は低く，むしろ状況を悪化させることにつながってしまうリスクのほうが高くなります。

そもそも，そろそろテーパリングを開始しようという段階において，preparedness が想定以上に低下している場合，大きく分けて，

- pre-taper period における練習・トレーニング量が不足してフィットネスが低下している
- pre-taper period における練習・トレーニング量が多すぎる，またはリカバリーがうまくできていないため，疲労が大きく蓄積している

の2つのパターンが考えられます。

まず，1つ目のパターンは，シナリオ2で紹介したものと同じです。この場合の調整の仕方としては，テーパリング期間を短縮するか，テーパリング中の練習・トレーニングの負荷の減らし方を抑えるか，どちらかの修正を加えることが必要です。

フィットネスが低下しているからといって，一時的に練習・トレーニングの負荷を急激に増やしても，すぐには向上しません。**表2**で説明したとおり，フィットネスの「急性の変化量」は小さく，「変化の速度」はゆっくりです。したがって，もしテーパリング開始時点でフィットネスが低下しているのであれば，それはもうどうしようもないという諦めが肝心です。その時点でできることは，さらなるフィットネスの低下をできるだけ抑え，少しでも維持を図ることです。そして，そのために適切な方法は，急激に練習・トレーニングの負荷を増やすことではありません。すでに説明したように，テーパリング期間を短縮して，通常レベルの練習・トレーニングを継続するか，テーパリングの長さは変えずに，テーパリング期間中の練習・トレーニングの負荷の減らし方を調整するかのどちらかです。

2. テーパリングのメカニズム

　そのような冷静な判断ができず，「どうにかして短期間でフィットネスを向上させてやろう」と意気込んで練習・トレーニングの負荷を急激に増やしてしまうとむしろ逆効果です。フィットネスは急には向上しない一方で，マイナスの出力である疲労は急激に蓄積しうるので，結果として preparedness が低下してしまうリスクが高くなります。これは，疲労の特徴である「急性の変化量」が大きいという点を理解しておけば避けることができます。

　2つ目のパターンは，テーパリング開始時点での preparedness 低下の原因が，フィットネスの低下ではなく疲労の蓄積にある場合です。そのような状況に陥ってしまうシナリオとしては，pre-taper period における練習・トレーニングの負荷を増やしすぎてしまったり，睡眠・休息・栄養などに問題があってリカバリーがうまくいかなかったり，試合やそれに伴う移動が多くて疲労が蓄積しやすいスケジュールであったり，夏の暑い時期の大会に向けて暑熱順化の対策をやろうとして失敗して逆に疲労がたまったり，などが考えられます。

　そのような状況で，テーパリング開始時に想定以上に preparedness が低下しているからといって，焦って練習・トレーニングの負荷を急激に増やすとさらに疲労が蓄積して，preparedness はいっそう低下するので逆効果です。重要な試合の直前の時期にそのようなまちがいを犯してしまうと，残されたわずかな期間で失敗を取り戻すことがきわめて困難になります。おそらく，狙った試合の日を迎えても疲労を取り除くことができず，preparedness が低下した状態で大事な試合に臨むことになり，結果としてピーキングは失敗に終わるリスクが高くなります。

　このようなケースでは，通常よりも練習・トレーニングの負荷の減らし方を多くしたテーパリングを適用して，蓄積疲労の除去を促進することが，preparedness の向上とピーキングの成功につながります。例えば，前述したようにテーパリング期間中は練習・トレーニングの量を 41〜60% 程度減らすのが最適とされていますが，その減少率を増やして 61〜80% 程度に調整するなどの対策が考えられます。そうすることで，疲労の除去が促進され，preparedness がより高い状態で試合に臨むことができるようになりま

す。また理論上は，テーパリング期間を延長することも疲労の除去とpreparednessの向上につながると考えられますが，テーパリングを開始しようとした段階で，想定以上にpreparednessが低下していて，それが疲労の蓄積によるものであると気づくような状況においては，そのような対策は現実的ではないでしょう。試合日を延期するわけにはいかないのですから。

このような2つ目のパターンにおいて判断を誤らないためには，コンディション（preparedness）が低下していたとしても，その原因としてフィットネスが低下している可能性だけでなく，疲労が蓄積している可能性もありうるという知識をもっておくことが必要です。残念ながら，「超回復理論」的な発想では，このような考え方は生まれません。「超回復理論」に基づいて考えると，preparednessが低下していた場合，それを向上させるには，新たにトレーニングという入力をして，一度preparednessをさらに低下させてから，その後の超回復を引き出すという選択肢しかありません。しかし，そのような戦略は疲労が蓄積してしまうため逆効果であることはすでに説明しました。

したがって，疲労の蓄積が原因でpreparednessが低下している場合においては，トレーニングという入力をしてフィットネスを向上させなくても，疲労を減らすというメカニズムでpreparednessを向上させることができる，ということを知っておく必要があります。そして，そのためには，やはり，「フィットネス–疲労理論」を理解しておくことが重要なのです。

シナリオ4：ピークのタイミングが早すぎる

すでに説明したように，テーパリングがうまくいかずにピークのタイミングが狙った試合よりも早めにきてしまった場合，一度ピークを過ぎたpreparednessは低下していきます。また，一度ピークを越えて低下をはじめてしまうと，そのpreparednessを再び増加に転じさせるのは容易ではありません。数週間から数ヵ月単位の期間が必要となります。したがって，ピークのタイミングが早くきすぎてしまう失敗はできるだけ避けたいところです。

ピークのタイミングが早くきてしまう失敗をする場合，いくつかのパター

2. テーパリングのメカニズム

ンが考えられます。

　まず，シナリオ2のように，pre-taper period における練習・トレーニングの負荷が十分でなかったのにもかかわらず，マニュアルどおりテーパリングを適用して練習・トレーニングの負荷を徐々に減らしていくと，ピークが早くきてしまう可能性が高まります。そのようなシナリオにおいては，テーパリング期間を短縮するか，テーパリング中の練習・トレーニングの負荷の減らし方を緩やかにするという対策が有効です。

　また，pre-taper period において通常レベルの練習・トレーニングが積めているような「標準的なシナリオ」であっても，テーパリングのやり方そのものをまちがえてしまえば，ピークのタイミングが早くきすぎてしまう可能性があります。具体的には，テーパリング期間の設定が長すぎたり，テーパリング期間中の練習・トレーニングの負荷を一気に減らしすぎたりすると，狙った試合よりも早いタイミングで疲労がほぼゼロになってしまい，pre-paredness もピークに到達し，その後ピークを過ぎた preparedness が低下している状態で試合に臨まざるをえなくなる可能性が高くなります。それを避けるためには，第3章で紹介する「テーパリングのガイドライン」を活用しつつ，個々の状況やアスリートに応じてテーパリング計画に修正を加え，適切なテーパリングを実施するしか解決策はありません。

　さらに，試合日が複数ある場合では，ピークをどの日に設定するかの選択をまちがえてしまうと，たとえテーパリングを適切に実施してピークのタイミングを狙った日に合わせることができたとしても，その後の日程では pre-paredness が低下した状態で試合に臨まざるをえなくなり，全体的なパフォーマンスは低調のまま失敗に終わってしまうという可能性もあります。

　例えば，サッカーやラグビーのワールドカップのように，予選プールで数試合，決勝トーナメントも勝ち続けるかぎり何試合も戦わなければならないような場合があります。単純に複数の試合を戦うだけでなく，試合間に休息日を設ける必要があるため，決勝まで勝ち進む場合は，大会期間が1ヵ月にも及ぶことがあります。1ヵ月間もの長期にわたって preparedness のピークを保ち続けることは不可能なので，1ヵ月の中でどのタイミングにピーク

を合わせるかを戦略的に決定することが求められます。このピークのタイミングの設定の仕方は，チームのレベルや目標にもよるでしょう。例えば，優勝を狙えるチームであれば，開幕戦にピークのタイミングを設定してしまうのは誤りです。開幕戦で勝つことが戦略的に重要なのはわかりますが，だからといってpreparednessのピークを開幕戦に合わせてしまうと，予選プールの残り数試合と決勝トーナメントのすべての試合において，preparednessがひたすら低下していく中で戦い続けなければならなくなり，優勝する確率は著しく下がってしまいます。一般的に考えると，優勝を目指すようなチームであれば，準決勝あたりにピークを設定するのが望ましいでしょう。

　また，プロ野球やJリーグ，Bリーグのように，半年以上もの長期間にわたって続くシーズンを戦わないとならない場合，開幕戦にpreparednessのピークを合わせようとして，開幕直前の時期にテーパリングを実施してしまうと，シーズン中のコンディション維持に失敗してしまうリスクが高まります。開幕戦に勝利して勢いをつけることが戦略的に重要であることは理解できますが，チームの目標はシーズンを通してできるだけ多くの試合に勝利することです。それにもかかわらず，シーズン開幕直前にテーパリングを実施してpreparednessのピークを開幕戦に合わせてしまうと，ピークを超えた後はpreparednessが低下してしまいます。このpreparednessの低下を逆転させて，再び増加に転じさせるには，練習・トレーニングの負荷を増やす必要があります。しかし，シーズン中は試合に向けてのコンディション調整も重要なので，練習・トレーニングの負荷を増やすのは容易ではありません。仮にシーズンがはじまってから練習・トレーニングの負荷を増やすことができたとしても，フィットネスを向上させるのには時間がかかり，一方で疲労は急激に蓄積してしまうので，結果としてpreparednessは一時的にさらに低下することが予想されます。せっかく開幕戦に向けてpreparednessのピークを合わせて勝利し，勢いをつけることに成功したとしても，その後，シーズン序盤はpreparednessが低下している状態で戦わざるをえなくなり，開幕戦での勢いがすぐに失われてしまう恐れがあります。したがって，長いシーズンを戦うような競技では，開幕戦に向けてpreparednessのピークを

合わせるという選択は避けるべきです。あえてピークはつくらず，シーズンを通してできるだけ preparedness を高い状態で維持できるようにすることを目指すべきです。どうしても開幕戦に向けてコンディション調整をしたいのであれば，開幕前の 1 週間だけ練習・トレーニングの負荷を少しだけ抑える程度にしておくとよいでしょう。シーズンに入ってしまえば，ただでさえ練習・トレーニングの負荷が少なくなるはずなので，それらをある程度確保できるオフシーズン・プレシーズンの時期にわざわざテーパリングを実施して練習・テーパリング負荷を減らしてしまうのはもったいないことです。

7 フィットネス–疲労理論 2.0

これまでの説明で，「超回復理論」という単純なモデルと比較して，「フィットネス–疲労理論」がいかに洗練されたモデルであるかが理解できたことと思います。「preparedness」の背景に，プラスの出力である「フィットネス」とマイナスの出力である「疲労」という 2 つの要因が存在することを認識するだけで，テーパリングのメカニズムに対する理解度も飛躍的に高まったはずです。

しかし，人間の身体は非常に複雑なシステムであり，トレーニングに対する生理的応答を完全に説明するためのモデルとしては，「フィットネス–疲労理論」であっても，まだ単純すぎます。例えば，ウエイトトレーニングを実施した直後は，疲労により「最大筋力」は一時的に低下しますが，「有酸素持久力」への疲労の影響は比較的少ないはずです。また，ウエイトトレーニングを継続して実施すれば，それに身体が適応して「最大筋力」は向上していきますが，「有酸素持久力」にはそれほど大きな影響はみられません。これは一般的に「**特異性の原則（specific adaptation to imposed demand：SAID）**」と呼ばれているものです。つまり，ウエイトトレーニングという入力に対して，最大筋力と有酸素持久力という 2 つの異なる体力要素は別々の出力の様態をみせていることになります。これは，単純に体力全般の「フィットネス」と「疲労」という 2 つの要因だけでは，完全には説明しきれない

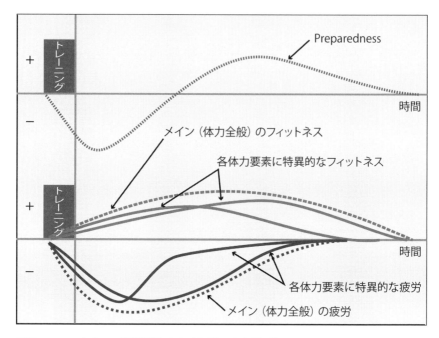

図7 フィットネス−疲労理論2.0（文献3より引用）

現象です。

この点に関して，Chiuら[3]は，従来の「フィットネス−疲労理論」をさらに発展させた新しい理論を提唱しました。彼らは英語で「revised fitness–fatigue theory」と名づけていますが，本書では「**フィットネス−疲労理論2.0**」と呼ぶことにします。

従来の「フィットネス−疲労理論」では，1つの「フィットネス」と1つの「疲労」というグローバル（全体的）な出力を念頭に置いていましたが，「フィットネス−疲労理論2.0」では，複数の「フィットネス」と複数の「疲労」が存在すると考えます（**図7**）。例えば，「最大筋力」という体力要素のフィットネスと疲労，「爆発的パワー」という体力要素のフィットネスと疲労，「有酸素持久力」という体力要素のフィットネスと疲労，といった感じです。

2. テーパリングのメカニズム

　それぞれの体力要素の出力（フィットネスと疲労）は独立したもので，トレーニング刺激という入力をした後は，互いに影響を与えることなくそれぞれ別々に変化すると考えられています。そして，別々に変動する各体力要素のフィットネスと疲労がすべて積み重なったものが，それぞれ「メイン（体力全般）のフィットネス」「メイン（体力全般）の疲労」という形にまとめられて，そのプラスマイナスの合計が最終的な「preparedness」を決定する，というのが「フィットネス−疲労理論2.0」の基本的な考え方です。

　ここで押さえておくべき重要なポイントの1つは，マイナスの出力である「疲労」については，体力要素ごとに互いに影響を及ぼさずに独立して変動するものの（例えば，最大筋力は疲れているが，有酸素持久力は疲れていないということがありうる），それらの影響は積み重なっていくという点です（cumulative effect）。そして，それらがすべて積み重なった合計である「メインの疲労」は全身に影響を及ぼすと考えられ，特に免疫システムが大きな影響を受けると指摘されています[3]。

　例えば，競技練習とウエイトトレーニングと持久力トレーニングの量をすべて一気に増やしてしまうと，それぞれの活動により引き起こされる各体力要素の疲労が積み重なって「メインの疲労」のレベルが非常に大きくなり，それが免疫システムに影響を及ぼし，風邪をひきやすくなったり，オーバートレーニング状態に陥ったりするリスクが高まるということです。

　また，テーパリングの場面を想定して考えてみると，ウエイトトレーニングや持久力トレーニングといった体力的トレーニングの負荷を，テーパリングのマニュアルどおりに徐々に減らしていったとしても，競技練習の負荷は変えずに減らさなかったり，あるいは体力的なトレーニングの負荷が減って楽になった分，練習の負荷を増やしてしまったりすると，マイナスの出力が積み重なった「メインの疲労」は狙ったほど減っていきません。その結果，「マイナスの出力である疲労を減らす」というテーパリングのメカニズムが働かないため，トレーニングの負荷は減らしているのにpreparednessが増えずに，ピーキングが失敗に終わる可能性があります。

　したがって，テーパリングを実施する際には，体力面のコンディショニン

表3 各体力要素の duration of residual training effect（休止前のトレーニングによる効果が残存している期間）（文献5より引用）

体力要素	duration of residual training effect（日数）
有酸素持久力	30 ± 5
最大筋力	30 ± 5
無酸素解糖系持久力	18 ± 4
筋持久力	15 ± 5
最大スピード（非乳酸性）	5 ± 3

グ計画の担当者が，競技練習を担当する競技コーチとしっかりと連携をとり，練習・トレーニングすべてを含めた全体としての負荷を徐々に減らしていき，「メインの疲労」を除去するために協力しあうことが非常に重要になります。つまり，ピーキングを成功させるためには，体力的なトレーニングの負荷を調整するだけでは不十分で，競技練習も含めた総合的なコンディション調整が重要なのです。「フィットネス−疲労理論2.0」という考え方を知ることにより，この点の理解が深まります。

また，「フィットネス−疲労理論2.0」に基づいて考えると，体力要素ごとに独自のフィットネスと疲労が存在するということは，フィットネスと疲労の動態・特徴が体力要素ごとに異なる可能性があることが示唆されます。例えば，「急性の変化量」は小さく，「変化の速度」は遅いというフィットネスの特徴と同じように（**表2**），体力要素によっても「急性の変化量」の大きさや「変化の速度」が変わりうるのです。

例えば，ブロックペリオダイゼーションの提唱者でもある Issurin[5] は，トレーニングを完全に休止した後に，さまざまな体力要素が detraining により低下していく速度が異なるという主張をしています。つまり，**休止前のトレーニングによる効果が残存している期間**（duration of residual training effect）が体力要素によって変わるということです（**表3**）。

これを「フィットネス−疲労理論2.0」の考え方に当てはめてみると，プラス出力であるフィットネスが減っていくスピード（変化の速度）が体力要素

2. テーパリングのメカニズム

によって異なることが示唆されます。例えば，「有酸素持久力」はトレーニングを休止してもすぐに減っていくわけではない一方で，無酸素性の「解糖系」「非乳酸性」持久力は，トレーニング休止後，比較的速いスピードで低下していくということです。

Issurin[5]はトレーニング休止後に各体力要素が「減っていく」スピードについて着目して言及していますが，トレーニングによって各体力要素が「向上していく」スピードについても，同様の傾向があるものと考えられます。例えば，「有酸素持久力」を向上させるには比較的長い期間がかかる一方で，無酸素性の「解糖系」「非乳酸性」持久力は比較的短期間でも向上させることができる，というようなことです。

表3に示した duration of residual training effect の日数が，どれほど科学的根拠があるのか不明ですし（データの出典が英語ではないため判断ができない），トレーニング休止前のトレーニング内容や個人差によっても変わるはずなので，絶対的な指標としては参考にしないでください。ただし，「フィットネス-疲労理論2.0」という考え方の中で，体力要素の種類によって，それぞれのプラス出力であるフィットネスの特徴，この場合は「変化の速度」が異なるという点を理解するには十分参考になると思います。また，具体的な日数はともかく，「有酸素持久力」や「最大筋力」をトレーニングで向上させるには，その他の「無酸素解糖系持久力」「筋持久力」「最大スピード（非乳酸性）」よりも時間がかかり，また，トレーニング休止後は後者の体力要素のほうが低下のスピードが比較的速いというのは，実際にアスリートを指導してきた経験や関連する学術論文を読んできた感覚としては納得できるものです。したがって，表3は各体力要素の「変化の速度」を相対的に比較するうえでは参考になる資料だといえます。

実際的には，テーパリング計画を立案する時に，体力要素ごとのフィットネスと疲労の大きさや変化の仕方などをすべて把握・想定しつつ，それらが組み合わさって preparedness がどのように変化していくのを予測しながら，綿密に練習・トレーニングの負荷の減らし方を決めるのは不可能に近いでしょう。したがって，あくまでもテーパリング計画を立てる時に主に参考にす

べきなのは，従来の「フィットネス-疲労理論」になります。従来の「フィットネス-疲労理論」に基づいて，まずはテーパリング戦略の大枠を決めたうえで，必要に応じて「フィットネス-疲労理論2.0」の考え方も参考にしながら，細かい修正をテーパリング戦略に加えていくという形が現実的です。

　例えば，テーパリング開始時点（狙った試合まであと2週間）において，競技における持久力が低下している状況があったとします（例えば，試合形式の練習をしていても，すぐに疲れてしまう場合）。そして，その原因が，pre-taper periodにおいて軽いケガをしてしまい，練習・トレーニングがしっかりとできていなかったことによる「フィットネスの低下」である可能性が高いとします。このようなケースでは，テーパリング期間を短縮するか，テーパリング中の練習・トレーニングの負荷の減らし方を緩やかにするという対策が有効であることはすでに説明しました。そして，それらの対策の目指すところは，フィットネスを短期間で大幅に向上させることではなく，低下量をできるだけ抑えて維持することになります。ただし，ここに「フィットネス-疲労理論2.0」の考え方を活用すると，もう一歩進んだ対策を考えることができます。確かに，短期間でフィットネスを向上させることは難しいです。しかし，**表3**をみてもわかるように，無酸素性の持久力（解糖系，非乳酸性）の「変化の速度」は比較的速いという特徴があります（増えるのも減るのも）。したがって，狙った試合まで2週間ほどの時点から有酸素持久力を向上させることはあきらめたほうがよいのですが，無酸素性持久力であれば多少の改善が図れる余地があります。そこで，例えばテーパリング期間を2週間から1週間に短縮する選択をした場合，テーパリング開始までの1週間における持久力トレーニングの内容を，すべて無酸素性の持久力をターゲットにした高強度インターバルトレーニングに切り替えるという選択をすることができます。短期間であっても，無酸素性の持久力（解糖系，非乳酸性）であれば多少の向上が期待できるし，有酸素持久力へのトレーニング刺激を取り除いてしまっても，すぐに有酸素持久力が低下する可能性は低いからです。

ただし，ここで注意が必要な点があります。それは，あくまでもトレーニングの内容（ターゲットとする体力要素）を切り替えるという選択をするのが適切なのであって，急にトレーニングの負荷を増やしてはならないという点です。「無酸素性の持久力（解糖系，非乳酸性）であれば短期間でも向上する可能性があるから，1週間だけ持久力トレーニングの量を急激に増やしてしまおう」という考えは危険です。急にトレーニングの負荷を増やすとケガのリスクも増えますし，疲労が蓄積して，狙った試合までに取り除くことができずにピーキングが失敗するリスクも高まってしまいます。練習・トレーニングの負荷をどのように調整するかという点については，従来の「フィットネス−疲労理論」に基づいて全体的に計画するほうが適切です。そのうえで，練習・トレーニングの内容（ターゲットとする体力要素）を決定する段階で「フィットネス−疲労理論2.0」の考え方を参考にするという活用の仕方がよいのではないかと思います。

8 トレーニング歴の影響

「フィットネス−疲労理論2.0」の考え方を知ることで，体力要素によって「急性の変化量」や「変化の速度」が異なる可能性について理解できたと思います。ここではさらに，アスリートの「トレーニング歴」という要因も，「急性の変化量」や「変化の速度」といった特徴に影響を与える可能性があることを解説します。

例えば，ウエイトトレーニング初級者がスクワットを3セット×5レップ実施する場合，トレーニングで扱う重量を毎回2.5 kgずつ増やしていくことは十分可能です。スクワットを週2回実施するのであれば，1週間で5 kgずつ挙上重量が増えていきます。1ヵ月で約20 kgの増加です。いつまでもそのようなスピードで挙上重量を伸ばし続けることは難しいかもしれませんが，少なくとも数ヵ月間は続けられます。その一方，ウエイトトレーニングを10年も20年も継続して実施しているようなトレーニング上級者の場合，そのようなペースで挙上重量を増やしていくことは不可能です。スクワット

の挙上重量を 20 kg 向上させるのに数年間かかることも珍しくありません。また，例えば 2 ヵ月かけて挙上重量を 40 kg 伸ばしたトレーニング初級者がトレーニングを完全に休止してしまうと，挙上重量は一気に下がってしまいますが，トレーニング上級者が 2 ヵ月程度トレーニングを休止したとしても，挙上重量が一気に落ちてしまうことはありません。つまり，（筋力という体力要素の）フィットネスの「急性の変化量」や「変化の速度」という特徴は，アスリートのトレーニング歴によって大きく異なるのです（トレーニング初級者＞トレーニング上級者）。

　また，まったく同じ相対強度（例えば 80％1RM）でスクワットを 3 セット × 5 レップ実施したとしても，トレーニング初級者とトレーニング上級者では疲労度が大きく異なります。例えば，スクワット 1RM が 100 kg 程度のトレーニング初級者であれば，その 80％である 80 kg でスクワットを 3 セット × 5 レップ実施した後，数日間のうちに疲労やダメージから回復するので，まったく同じ内容のトレーニングを週に 2 回も 3 回も繰り返し実施することができます。一方，スクワット 1RM が 200 kg 程度のトレーニング上級者の場合，その 80％である 160 kg でスクワットを 3 セット × 5 レップ実施すると，大きな疲労やダメージが残り，そのぶん回復にも時間がかかるため，まったく同じ内容のトレーニングを週に何回も繰り返すことは不可能です。たとえ週に複数回スクワットをするにしても，2 回目以降のセッションでは挙上重量を軽くしたり，あるいはスクワットを実施するのは週 1 回にとどめて，他の日は別のエクササイズを実施して身体に与える刺激を変えてあげるなどの工夫が必要になります。つまり，（筋力という体力要素の）疲労の「急性の変化量」や「変化の速度」という特徴も，アスリートのトレーニング歴によって大きく異なるのです（トレーニング初級者＜トレーニング上級者）。

　トレーニング上級者であれば，トレーニング初級者よりも適応が進んでいるため，トレーニングからの回復能力も高まっています。つまり，疲労の「変化の速度」という特徴は，トレーニング上級者のほうが速いのです。それにもかかわらず，トレーニング上級者のほうが疲労回復に時間がかかるの

2. テーパリングのメカニズム

はおかしいと思われるかもしれませんが，単純に1回のトレーニングセッションによって引き起こされる疲労度（急性の変化量）が大きいため，回復スピードが速かったとしても疲労を取り除くのに時間がかかってしまうのです。トレーニング上級者は，トレーニングに身体が慣れているため，さらなる適応を引き起こしてフィットネスを向上させるためには，さらに大きなトレーニング刺激が必要になり，その回復能力をもってしても回復が追いつかないような疲労やダメージが残ってしまうということです。

「トレーニング歴」がフィットネスと疲労の「急性の変化量」や「変化の速度」に影響を及ぼすという事実を理解しておけば，トレーニング初級者とトレーニング上級者では，テーパリングに対するアプローチも多少変わってくることが想像できるはずです。

例えば，トレーニング上級者がテーパリングを実施する場合，疲労の除去の優先度が非常に高くなります。なぜなら，トレーニング上級者が短期間トレーニングの負荷を増やしたとしてもフィットネスが急激に向上する可能性はきわめて小さく（トレーニング初級者と比べてフィットネスの「急性の変化量」が小さいから），その一方で，短期間であっても疲労は大きく蓄積しうるからです（トレーニング初級者と比べて疲労の「急性の変化量」は大きい）。つまり，トレーニング上級者の場合，テーパリングをする段階にきたら，そこからさらにフィットネスを大きく向上させる可能性はほとんど残っていないので潔くあきらめ，疲労の除去に専念したほうが，preparednessが向上してピーキングが成功する確率が高まるということです。

一方，トレーニング初級者の場合は，狙った試合まで数週間程度しかない段階でも，フィットネスを維持するだけでなくさらに向上させることができる可能性があるので（トレーニング上級者と比べてフィットネスの「急性の変化量」が大きいため），テーパリングにおいて少し冒険してみてもいいかもしれません。例えば，テーパリング期間を一般的に推奨されている2週間弱よりも短くしてみるとか，テーパリング期間中の練習・トレーニングの負荷の減らし方を軽くしてみるとかして，疲労の除去よりも積極的なフィットネス向上の要素を強めてみるのも選択肢に入るのです。また，トレーニング

初級者の場合は，そもそも絶対的なトレーニング強度が低いものしか扱えないため，大きく疲労が蓄積してしまう可能性も低く（疲労の「急性の変化量」が小さい），フィットネス向上を優先してトレーニングの要素を多少強めたとしても，狙った試合までに蓄積した疲労が回復し切れずにピーキングが失敗するリスクもそれほど高くありません。もちろん，トレーニング初級者であっても，テーパリングにおいて疲労の除去が間に合わずにピーキングが失敗するリスクはゼロではないので，注意は必要です。

9 個人差の影響

　フィットネスと疲労というプラスとマイナスの出力に関して，それらの「急性の変化量」や「変化の速度」といった特徴が，「体力要素」や「トレーニング歴」という要因に影響を受けることを説明しました。もう1つ，それらに影響を及ぼす要因として，アスリートの「個人差」があります。

　例えば，同じ強度・量のトレーニングを実施したとしても，フィットネスがより大きく向上したり，向上したフィットネスがより長期間持続したりするアスリートもいれば，それとは逆のタイプのアスリートもいます。フィットネスというプラスの出力に関して，「急性の変化量」や「変化の速度」に個人差が存在するのです。同様に，同じ強度・量のトレーニングを実施したとしても，疲労が大きく蓄積して，その回復にも時間がかかるアスリートもいれば，それとは逆に，疲労がそれほどたまらず，すぐに回復してしまうアスリートもいます。疲労というマイナスの出力に関して，「急性の変化量」や「変化の速度」にも個人差が存在します。このような個人差が存在することは，トレーニングとパフォーマンス変動の関係を数学的なモデルを使って調べた研究によっても報告されています[2, 6]。

　個人差の存在が何に起因するものなのかは明らかではありませんが，考えられる要因としては，栄養・休息・睡眠・遺伝などがあげられます。また，前述した「トレーニング歴」も，個人差の1つであると捉えることができます。個人差の理由が何であれ，個人の特徴を把握しておいたうえで，個々の

2. テーパリングのメカニズム

アスリートに合わせてテーパリング計画を立てることができれば理想的です。

例えば，マイナスの出力である疲労の「急性の変化量」が小さく「変化の速度」が速いアスリートの場合，疲労が蓄積するリスクが低いので，狙った試合の直前まで通常レベルの負荷で練習・トレーニングを継続して，積極的にフィットネス向上を目指すことが可能です。逆に，疲労の「急性の変化量」が大きく「変化の速度」が遅いアスリートの場合，疲労回復に時間がかかるため，通常よりも長いテーパリング期間を設定したり，テーパリング期間中に練習・トレーニングの負荷を大幅に減少させたりする必要が出てきます。このように，アスリートの個人差に合わせてテーラーメイド型のテーパリングを提供できれば理想ですが，そもそも各アスリートの特徴をどのように把握すればよいのでしょうか。

1つの方法としては，研究でも使われているような数学的モデルを各アスリートに対して当てはめて，フィットネス・疲労の「急性の変化量」や「変化の速度」といった特徴をアスリートごとに調べることが考えられます。しかし，この作業には専門的な知識が必要ですし，「入力」にあたる練習・トレーニングの負荷をある程度の期間モニタリングするという膨大な作業を要するため，あまり現実的ではありません。

テーパリング研究の第一人者であるMujika博士は，「ストップウォッチ」と「口頭でのコミュニケーション」という2つの簡単なツールを使えば，時間やお金をかけなくても，個々のアスリートがテーパリングに対してどのような反応をみせるかを把握できると述べています[7]。つまり，ストップウォッチのような簡便なツールで練習中のパフォーマンスをモニタリングしたり（例えば競泳選手の100mタイムなど），主観的な疲労度やリカバリー具合をアスリートに尋ねたりしてコミュニケーションをとれば，目の前のアスリートの特徴を把握することができるということです。このほうが，数学的モデルを活用するよりも，はるかに実用的で，アスリートの個人差を把握するのに役立ちます。そして，このようにして収集したアスリートごとの特徴を考慮に入れたうえで，テーラーメイド型のテーパリングを計画することができ

れば，ピーキングの成功確率を高めることにつながる可能性が高くなります。

3 How
テーパリングの実際

> 第1章では,「そもそもテーパリングとは何なのか (What)」について述べました。特に,テーパリングとピーキングという混同されやすい2つの言葉の意味の違いについて,詳しく説明しました。
>
> そして,第2章では,なぜテーパリングをするとピーキングを達成できるのか,つまり「テーパリングのメカニズム (Why)」について,「フィットネス−疲労理論」という概念を土台にして説明しました。
>
> 第3章では,具体的にテーパリングをどのように計画して運用していけばよいのか,つまり「テーパリングの実際 (How)」について解説します。

　読者の中には,この How の部分だけに興味があって,What と Why の部分は読み飛ばしてしまいたいと思われる人もいるかもしれませんが,それはおすすめできません。テーパリングを計画して実際に運用するというのは非常に複雑で難しい作業なので,本章で紹介する How を丸暗記してそのまま当てはめれば成功するという単純なものではないからです。

　ピーキングを成功につなげるためには,本章で紹介する内容はあくまでも

ガイドラインにすぎないと捉え，実際に携わることになるアスリートや目の前の状況に合わせ，柔軟に変更を加えることが重要です。そして，この「適切な変更」を加えるためには，第1章と第2章でのWhatとWhyをしっかりと理解しておくことが必要不可欠なのです。WhatとWhyを理解できないと，目の前にいるアスリートが今どのような状態なのか見当もつきません。それがわからなければ，テーパリング計画にどのような変更や調整を加えたらいいのかを想像することもできなくなります。

1 科学的知見に基づくテーパリングのガイドライン

テーパリングについては，これまでに世界中でさまざまな研究が行われており，その結果が学術論文として報告されています。特に，ランニング・競泳・自転車などの記録系個人種目のアスリートを対象にした研究が数多く実施されています。これらの競技においては，練習・トレーニングの負荷を数字でモニターしやすく（距離，時間など），パフォーマンスや競技成績についても数字で評価しやすい（タイムなど）からでしょう。

そうした研究結果をベースにして，最適なテーパリング方法もある程度確立されてきています。そこで，ここではテーパリングを計画する時に参考になるような「科学的知見に基づくテーパリングのガイドライン」を紹介します。特に，テーパリングに関連して「メタ分析（meta-analysis）」という手法を使って報告をしているBosquetらのレビュー論文[4]を中心に紹介しつつ，その他の個別の研究結果も適宜参考にしながら話を進めます。

ちなみにメタ分析とは，同じトピックについての過去の複数の研究結果を統合するために，平均値や標準偏差からeffect size（効果量）を計算し，特定のトレーニング方法などの効果の大きさを調べる分析法です。メタ分析は，科学的根拠としては最もレベルが高いものであると一般的に考えられています。

具体的な話に入る前に，注意していただきたいことがあります。それは，これから紹介するガイドラインを「テーパリングのマニュアル」のように絶

3. テーパリングの実際

対視しないということです。このガイドラインをとりあえずそのまま当てはめておけば，どんな状況でもどんなアスリートでも絶対にテーパリングがうまくいく，という単純なことではないのです。一般的に，スポーツ科学の研究は，対象者グループの平均値をもとにして「こちらのやり方のほうが効果が高い」といった結論を導き出す方法が多く用いられます。したがって，これから紹介するガイドラインも「平均的にはこういうテーパリングのやり方がいいですよ」「多くの人には，このやり方が当てはまりますよ」程度のものだと認識してください。

アスリートには必ず個人差が存在します。したがって，これから紹介するガイドラインがそのまま当てはまらないアスリートもいます。その場合は，ガイドラインから逸脱することを恐れず，それぞれのアスリートにとってベストなテーパリング方法を探ってください。その際には，第2章で説明した「フィットネス−疲労理論」に基づくテーパリングのメカニズムを理解しておくことがおおいに役に立つはずです。

また，研究の世界には「外的妥当性」という概念があります。これは，研究の結果が他のシチュエーションでも当てはまるのかどうか，つまり研究結果がどの程度一般化できるのかといった意味合いの言葉です。これから紹介するテーパリングのガイドラインは，特定の条件下で実施された研究において得られた結果をまとめたものがベースになっています。しかし，条件が異なる状況では，それらの研究結果の「外的妥当性」が高いとは言い切れません。つまり，状況次第では，これから紹介するガイドラインがそのまま当てはまらないケースも出てくるということです。

特に，これから紹介するテーパリングのガイドラインが根拠にしている研究結果の多くが，ランニング・競泳・自転車などの競技のアスリートを対象にしたものであることを認識しておいてください。過去のテーパリング研究は，これらの競技の中でも比較的長い距離を走ったり泳いだり漕いだりする持久系種目を中心に実施されています。

第2章の「フィットネス−疲労理論2.0」の項でも説明したように，体力要素によって「急性の変化量」や「変化の速度」が異なります。したがっ

て，有酸素・無酸素の持久力が大きく貢献すると思われる競技のアスリートにはこれから紹介するガイドラインがよく当てはまるかもしれませんが，それ以外の体力要素が重要になるような競技のアスリートには当てはまらないかもしれません。例えば，最大筋力が競技成績に大きく貢献すると考えられるパワーリフティングやウエイトリフティング，陸上競技の投てき種目などでは，これから紹介するテーパリングのガイドラインがそのまま当てはまるとはかぎりません。また，チーム競技（バスケットボール，サッカー，ラグビーなど）の場合，複数の体力要素を同時に向上させる必要がありますが，これから紹介するガイドラインがそのまま当てはまる体力要素もあれば，当てはまらない体力要素もあるでしょう。したがって，チーム競技においては，より複雑なテーパリング戦略が必要になる場合があります。

　そうしたケースにおいては，これから紹介するガイドラインを出発点として参考にしつつも，目の前の状況をしっかりと観察・分析したうえで，第2章で紹介した「フィットネス–疲労理論」的な考え方に基づいて，テーパリング計画に適切な調整を加えることがピーキングを成功させるために非常に大切になります。

　とは言えこれから紹介するガイドラインは，多くのアスリートに多くの状況で当てはまるものであることはまちがいありません。もし，目の前のアスリートや状況に合わせてテーパリング戦略をどう調整・修正すればよいかがわからない場合は，こちらのガイドラインをとりあえず当てはめておけば，ピーキングが失敗するリスクを最小限に抑えることはできます。テーパリング研究の第一人者のMujika博士も，科学的知見に基づいてテーパリングを計画することが「best bet（安全策，一番確実な方法）」であると述べられています。

1）どの変数を減らすのか

　第1章では，テーパリングとは「徐々に練習・トレーニングの負荷を減らしていくこと」であると紹介しました。そして，ここでの「練習・トレーニングの負荷」とは，英語でいうところの「training load」と呼ばれる概念で，

3. テーパリングの実際

表4 テーパリング期間中に強度を減らす場合と減らさずに維持する場合のパフォーマンスに対する影響（文献4より引用）

	Effect size：平均（95%信頼区間）	対象者数	P値
強度を減らす	−0.02（−0.37, 0.33）	63	0.91
強度を維持	0.33（0.19, 0.47）	415	0.0001

　この「**負荷（load）**」という言葉には，「**強度**」「**量**」「**頻度**」という3つの変数がすべて含まれていることも説明しました．ただし，第1章では，3つのうちのどの変数をどのように減らしていくべきかについては，あえて触れませんでした．では，ピーキングを目的としてテーパリングを実施する際には，これら3つの変数を同じように同じだけ減らしていけばよいのでしょうか．あるいは，特定の変数だけを強調して減らしていくほうが効果は高いのでしょうか．そうした疑問に対する答えを，科学的知見を参考にしながら説明します．

(1) 強　度

　「強度」は「練習・トレーニングの負荷」を決定する重要な要因の1つです．レジスタンストレーニングの場合，一般的に強度は1回最大挙上重量（1 repetition maximum：1RM）に対する割合（%1RM）で表現されます．持久力トレーニングの場合は，強度は最大酸素摂取量（$\dot{V}O_2max$）や最大心拍数，最大有酸素性スピード（maximal aerobic speed：MAS）などに対する割合（%）で表現されます．また，どちらにも当てはまらないタイプの競技練習の強度については，どのくらい「きつい」と感じるかを1から10の数字で表現する「セッション主観的運動強度（rate of perceived exertion：RPE）」という指標が使われる場合もあります．

　一般的に，テーパリング期間中に強度を減らす場合と減らさずに維持する場合を比較すると，減らさずに維持するほうがパフォーマンス向上効果は高いことが示唆されています[4]（**表4**）．

　強度を減らした場合のテーパリング前後のパフォーマンス変化量はeffect

表5 テーパリング期間中に強度を減らす場合と減らさずに維持する場合のパフォーマンスに対する影響（競泳・ランニング・自転車）（文献4より引用）

	Effect size：平均（95%信頼区間）	対象者数
競　泳		
強度を減らす	0.08（−0.34, 0.49）	45
強度を維持	0.28（0.08, 0.47）*	204
ランニング		
強度を減らす	−0.72（−1.63, 0.19）	10
強度を維持	0.37（0.09, 0.66）*	100
自転車		
強度を減らす	0.25（−0.73, 1.24）	8
強度を維持	0.68（0.09, 1.27）*	72

＊P ≦ 0.05 vs. テーパリング前。

sizeで−0.02なので、ほぼ効果なしの可能性が高いと解釈できます（**表4**）。一方、強度を維持した場合はeffect sizeが0.33（95%信頼区間：0.19, 0.47）でP値も0.0001と、パフォーマンスが向上する可能性が高いと解釈できます。それらのデータに基づいて考えると、テーパリング期間中は強度を落とさずに維持したほうがピーキング効果は高いと推察することができます。

表4に示したデータは、競技の種類に関係なく、テーパリングに関するすべての研究結果を1つにまとめてメタ分析したものです。**表5**は、同様のデータを、競泳・ランニング・自転車という競技カテゴリー（あるいは運動形態）ごとに分けて示したものです。

表5からもわかるように、テーパリング期間中は強度を減らさずに維持したほうが、パフォーマンス向上効果は高いというメタ分析の結果は、競技や運動形態（競泳，ランニング，自転車）によらず当てはまる可能性が高いと考えられます。

テーパリングにおいては、蓄積した疲労を取り除くために「練習・トレーニングの負荷」を徐々に減らしていくことが重要です。しかし、メタ分析の

3. テーパリングの実際

結果からは,「練習・トレーニングの負荷」を構成する3つの要素の中でも,「強度」は減らさずに維持すべきという結論がみえてきます。つまり,「練習・トレーニングの負荷」を徐々に減らすのは「強度」以外の変数の操作によって実施する必要があるということです。

　感覚的には,テーパリング期間中には他の変数と一緒に強度も減らしたほうが,疲労回復がさらに早まってパフォーマンス向上効果がより高くなりそうな気もしますが,紹介したメタ分析の結果によると,そうではなさそうです。

　では,テーパリング期間中に強度を維持することの生理学的な意義は何なのでしょうか。それはおそらく,detraining(体力の低下)を防ぎ,フィットネスをできるだけ維持するためだと考えられます。

　第2章で「フィットネス−疲労理論」を使ってテーパリングのメカニズムについて説明しましたが,テーパリングを実施することでpreparednessが向上するメカニズムは,単純に疲労が取り除かれるから,ということではなく,フィットネスの減少速度よりも疲労の減少速度のほうが大きいから,ということでした。つまり,テーパリングにおいては,蓄積疲労の除去だけでなく,フィットネスの維持(フィットネスの減少速度をできるだけ遅らせること)も重要な要因なのです。そして,テーパリング中に強度を減らさずに維持することの生理学的な役割は,まさにこのフィットネスの維持にあると考えられます。

　実際にそれを裏づけるデータとして,テーパリング中に強度を維持することによって,有酸素パワー($\dot{V}O_2max$など)や筋の酸化系酵素,血流量,赤血球数,無酸素性作業閾値などの生理学的な指標を維持または向上させることに貢献するという研究報告もされています[2, 6, 12]。

　また,テーパリング期間中に強度を維持することには,生理学的な意義だけでなく,心理的・技術的な役割も大きいと考えられます。例えば,競泳選手がテーパリング期間中に練習強度(泳ぐスピード)を減らしてしまうと,数週間にわたって実際に試合で体験するのに近いスピードで泳がないことになり,最悪の場合,レース感覚のようなものが失われてしまうリスクがあり

ます。レースにおけるピッチとストローク長のバランスが崩れてしまったり，レースペースにおいて水を掻く・捉える感覚が鈍ってしまったりする可能性があります。あるいは，試合前の重要な時期に，レースペースで泳がないことを不安に感じて，精神的なストレスが増えてしまうかもしれません。逆に，テーパリング期間中であっても，強度を落とさず試合ペースに近いような高強度での練習を継続することによって，技術を維持しつつも感覚が研ぎ澄まされ，自信をもって試合に臨むことができるようになるはずです。

したがって，重要な試合直前のテーパリングにおいて，強度を落とさず維持することには，生理学的な意味に加えて，心理的・技術的な意義があると考えられ，これは見落としてはいけないポイントであると言えます[9]。

以上をまとめると，テーパリング期間中は「強度」を維持するのがピーキングを成功させるために重要な鍵であるということになります。

> テーパリング期間中は強度を維持する。

(2) 量

「量」も「練習・トレーニングの負荷」を決定する重要な要因の1つです。

レジスタンストレーニングの場合，量は一般的に総レップ数（セット数 × レップ数 × エクササイズ数）という形で表現されます。あるいは，総レップ数に重量をかけ合わせた「volume load」という指標で表わされることもあります[13]。一方，持久力トレーニングの場合，量は総移動距離や総運動時間で表現されることが多いでしょう。また，どちらにも当てはまらないタイプの競技練習の量については，総練習時間で表わすことが一般的ですが，最近はGPSなどのテクノロジーを用いて練習中の総移動距離をモニターし，それを練習量として評価するケースも増えています。

テーパリング期間中には減らさずに維持すべきである強度とは異なり，量については減らしたほうがパフォーマンス向上効果が高いことがメタ分析によって示唆されています[4]（**表6**）。

3. テーパリングの実際

表6 テーパリング期間中に量を減らす場合のパフォーマンスに対する影響（文献4より引用）

量の減少率	Effect size：平均（95%信頼区間）	対象者数	P値
20%以下	−0.02（−0.32, 0.27）	152	0.88
21〜40%	0.27（0.04, 0.49）	90	0.02
41〜60%	0.72（0.36, 1.09）	118	0.0001
60%以上	0.27（−0.03, 0.57）	118	0.07

表6に示したように，テーパリング期間中の量の減少率が20%以下と比較的少ない場合は，effect sizeが−0.02となり，パフォーマンス向上効果はほとんど期待できない可能性が高いと解釈することができます。しかし，21%以上減少させた場合は，パフォーマンス向上効果がよりはっきりと見られます。特に，テーパリング期間中の量の減少率が41〜60%程度の時に，パフォーマンス向上効果が最大になる可能性が示されています。逆に，それ以上（60%以上）量を減らしてしまうと，テーパリングによるパフォーマンス向上効果は下がってしまう可能性があるようです。

つまり，テーパリングによるパフォーマンス向上効果のメリットを最大限に享受するためには，テーパリング期間中の量の減少率が少なすぎても多すぎてもダメで，ほどよく最適な減少率（41〜60%）で減らすことが大切になってくるということです。

表6に示したデータは，競技の種類に関係なく，テーパリングに関するすべての研究結果をまとめたものです。**表7**は，同様のデータを競泳・ランニング・自転車という競技カテゴリーごとに分けて示したものです。

表7からもわかるように，競技の種類によらず，テーパリング期間中は量を20%以上減らしたほうが，パフォーマンス向上効果が高そうだということがわかります（ランニングについては，量の減少率が20%以下のデータがないため，そうとは言い切れませんが）。また，量を減らせば減らすほどよいというわけでわけではなく，最適な減少率があるという点も，競技の種類によらず当てはまりそうです。

表7 テーパリング期間中に量を減らす場合のパフォーマンスに対する影響（競泳・ランニング・自転車）（文献4より引用）

	Effect size：平均（95%信頼区間）	対象者数
競　泳		
20%以下	−0.04　（−0.36, 0.29）	72
21〜40%	0.18　（−0.11, 0.47）	91
41〜60%	0.81　（0.42, 1.20）＊	70
60%以上	0.03　（−0.66, 0.73）	16
ランニング		
20%以下	データなし	—
21〜40%	0.47　（−0.05, 1.00）	30
41〜60%	0.23　（−0.52, 0.98）	14
60%以上	0.21　（−0.14, 0.56）	66
自転車		
20%以下	0.03　（−0.62, 0.69）	18
21〜40%	0.84　（−0.05, 1.74）	11
41〜60%	2.14　（−1.33, 5.62）	15
60%以上	0.56　（−0.24, 1.35）	36

＊$P \leq 0.05$ vs. テーパリング前。

　しかし，最適な量の減少率については，必ずしも41〜60%がベストというわけではなく，**表7**から競技の種類によっては最適な減少率は異なる可能性もあることがわかります．具体的には，ランニング系競技の場合は，減少率が21〜40%程度の場合に，パフォーマンス向上効果が最大になる可能性があるということです．ただし，データ数が少ないため，「テーパリングにおける最適な量の減少率は競技の種類や運動形態によって変わる」と確定的なことは言えないのが現状で，さらなる研究が期待されます．

　テーパリングにおける最適な量の減少率については，競技タイプや個人差，状況などによって変わる可能性がありますが，少なくとも，量を減らすことが重要であるという点はまずまちがいなさそうです．では，テーパリング期間中に練習・トレーニングの量を減らす生理学的な意義は何でしょう

3. テーパリングの実際

か。

　それは恐らく，蓄積された疲労を取り除くためだと考えられます。中・長期的にトレーニング効果（フィットネス向上）を追求するためには，ある程度の練習・トレーニングの量を確保することが大切です。例えば，レジスタンストレーニングを例にあげると，1セットのみ実施するよりも複数セットを実施したほうが，筋肥大効果が高いとするメタ分析の結果が報告されています[8, 11]。その一方，量の多い練習やトレーニングを実施すると，疲労蓄積が増えて，リカバリーにも時間がかかる傾向があります[3]。したがって，一度テーパリング期間がはじまると，さらなるトレーニング効果（フィットネス向上）を求めるよりも，フィットネスはできるだけ維持しつつ疲労を取り除くことが主目的となるため，練習・トレーニングの量を維持する必要性は減少し，むしろ疲労除去を促進するためには量を減らすことが重要になってくるのだと推測されます。

　テーパリング期間中に量を減らしてしまうと，フィットネスが大幅に低下してしまうのではないかと不安になるかもしれませんが，フィットネスの維持に関しては，強度を減らさずに高いまま維持することで達成できます（少なくとも数週間という短期間であれば）。つまり，テーパリングにおいては，強度を維持することで「フィットネスの維持」を図り，一方，量を減らすことで「疲労の除去」を促進するという形で，役割分担がうまくできていることになります。

　以上をまとめると，テーパリング期間中は「量」を減らすのがピーキングを成功させるために重要な鍵であるということになります。どの程度減らすのが最適なのかについては議論の余地がありますが，「best bet（安全策，一番確実な方法）」としては41〜60％程度の減少率が推奨されます。

> **テーパリング期間中は量を41〜60％程度減らす。**

表8 テーパリング期間中に頻度を減らす場合と減らさずに維持する場合のパフォーマンスに対する影響(文献4より引用)

	Effect size:平均(95%信頼区間)	対象者数	P値
頻度を減らす	0.24 (−0.03, 0.52)	176	0.08
頻度を維持	0.35 (0.18, 0.51)	302	0.0001

(3) 頻　度

「練習・トレーニングの負荷」を決定する3つの要因のうち最後の1つが「頻度」です。

頻度は，1週間に何セッションの練習・トレーニングを実施するかで決まります。月曜日から土曜日まで1日1回ずつ練習・トレーニングをやるのであれば，頻度は1週間あたり6セッションになります。午前と午後に1回ずつやるのであれば，頻度は1週間あたり12セッションです。

一般的に，テーパリング期間中に頻度を減らす場合と減らさずに維持する場合を比較すると，後者のほうがパフォーマンス向上効果は高いことが示されています[4] (**表8**)。ただし，effect sizeの大きさを比べると，それほど明確な差がないようにも見えます。

一方，競技の種類(競泳，ランニング，自転車)ごとに分析したデータを見てみると (**表9**)，必ずしも頻度を維持したほうがよいというわけではなさそうです。例えば，競泳と自転車においては，テーパリング期間中に頻度を減らしたほうがパフォーマンス向上効果のeffect sizeが大きいことがわかります(ただし，信頼区間が比較的大きいので，対象者をもっと増やして分析してみないと確定的なことは言い切れません)。したがって，「テーパリング期間中に頻度を減らすべきか？」という問いに対しては，メタ分析の結果だけでは，強度や量の場合のように明確な答えを出すことは難しそうです。

Bosquetら[4]は，その理由の1つとして，頻度を下げると他の変数(強度，量)にも影響を与えてしまうので，頻度のみを操作することの影響を他の変数から分離して調べるのが困難な点をあげています。例えば，1週間あたりの練習・トレーニング頻度を半分に減らすと，1セッションあたりの量

3. テーパリングの実際

表9　テーパリング期間中に頻度を減らす場合と減らさずに維持する場合のパフォーマンスに対する影響（競泳・ランニング・自転車）（文献4より引用）

	Effect size：平均（95%信頼区間）	対象者数
競　泳		
頻度を減らす	0.35（−0.36, 1.05）	54
頻度を維持	0.30（0.10, 0.50）*	195
ランニング		
頻度を減らす	0.16（−0.17, 0.49）	74
頻度を維持	0.53（0.05, 1.01）*	36
自転車		
頻度を減らす	0.95（−0.48, 2.38）	25
頻度を維持	0.55（−0.05, 1.15）	55

＊P ≦ 0.05 vs. テーパリング前。

を変えないかぎりは，1週間あたりの練習・トレーニング量も単純に半分になってしまいます。また，頻度を減らすと疲労の蓄積が減るので，1セッションあたりの強度を上げることにもつながりやすく，そうすると強度という変数にも影響を与えてしまいます。したがって，純粋に頻度という変数を減らした場合と減らさない場合のテーパリング効果について調べること自体が非常に難しい作業のため，結論を出しづらいということです。また，テーパリング期間中に頻度を減らしたほうがよいのか，維持したほうがよいのかは，生理学的な指標にどのような変化が起きるかだけでなく，技術面への影響も考慮に入れて判断すべきという主張もあります[9,10]。

例えば，繊細な技術が必要とされる競技では，重要な試合前のテーパリング期間中に練習・トレーニング頻度を減らしてしまうと，数日間・数週間という短期間であっても感覚が鈍ってしまい（loss of feel），たとえ生理学的には何の影響がなかったとしても，パフォーマンスそのものが下がってしまうリスクがあるということです。「ピアノの練習を1日休むと，取り戻すのに3日かかる」という話を耳にすることがありますが，同じような現象がスポーツにおいても起こりうるのです。さらに，そのようなloss of feelは，競技レ

ベルが高いアスリートのほうがより大きな影響を受ける可能性が高いと考えられるため，競技レベルの高いアスリートほど頻度をできるだけ維持したほうが好ましいとする考え方も存在します[10]。

　以上をまとめると，一般的にはテーパリング期間中は「頻度」をできるだけ維持することが推奨されます。特に，競技レベルが高いアスリートや，技術要素が重要な競技においては，少なくともテーパリング開始前と比較して，練習やトレーニングの頻度を80%以上に維持することが好ましいと考えられます[4]。

> **テーパリング期間中は頻度をできるだけ（80%以上）維持する。**

2）テーパリング期間の長さ

　ここまで紹介したガイドラインを参考にしながら，テーパリング期間中に「強度」「量」「頻度」という3つの変数を適切に操作すれば，フィットネスをできるだけ維持しつつ疲労を除去することにつながり，結果としてプラスマイナスの合計であるpreparednessを向上させていくことができます。しかし，単純にpreparednessを向上させてピークにもっていくことに成功したとしても，重要な試合が開催されるタイミングにpreparednessのピークを合わせることができなければ，テーパリングによるパフォーマンス向上効果を最大限に享受することはできません。

　テーパリング期間が短すぎると，テーパリング開始前（pre-taper period）に実施した練習・トレーニングにより蓄積された疲労が，十分に取り除けずに多少残っている状態で重要な試合を迎えてしまうリスクがあります。つまり，preparednessがピークに到達する前に試合の日がきてしまうというパターンです。逆に，テーパリング期間が長すぎると，detraining（体力低下）によるマイナスの影響のほうが強まってしまい，preparednessがピークを通り越して低下している状態で重要な試合に臨むことになるリスクがあります。

　したがって，テーパリングがもたらす「疲労除去というプラスの効果」と

3. テーパリングの実際

表 10 テーパリング期間の設定がパフォーマンスに与える影響（文献 4 より引用）

量の減少率	Effect size：平均（95%信頼区間）	対象者数	P 値
7 日間以下	0.17（−0.05, 0.38）	164	0.14
8〜14 日間	0.59（0.26, 0.92）	176	0.0005
15〜21 日間	0.28（−0.02, 0.59）	84	0.07
22 日間以上	0.31（−0.14, 0.75）	54	0.18

「detraining というマイナスの効果」のバランスが最適になるテーパリング期間（の長さ）を見つけることが非常に重要です。つまり、ピーキングを成功させるためには、「強度」「量」「頻度」の 3 変数をいかに操作するのかだけでなく、「テーパリング期間」をどう設定するのかも非常に重要なのです。

Bosquet ら[4]は、テーパリング期間が 8〜14 日間の場合に、パフォーマンス向上効果が最大になると報告しています（**表 10**）。

また、**表 11** からもわかるように、テーパリング期間が 8〜14 日間の時にパフォーマンス向上効果が最も高くなるという結果は、競技の種類（競泳、ランニング、自転車）によらず当てはまると考えられます（自転車については、テーパリング期間が 15 日間以上の場合のデータがないため、そうとは言い切れませんが）。したがって、以上の結果から考えると、科学的知見をもとにしたガイドラインとしては、テーパリング期間は 2 週間弱程度（8〜14 日間）に設定することが推奨されると言えそうです。ただし、このガイドラインは、あくまでも一般論として、多くの場合に当てはまりますよ、という程度のものです。さまざまな条件が変われば、最適なテーパリング期間も変わるものと考えておいたほうが健全です。

「最適なテーパリング期間は 2 週間弱程度（8〜14 日間）」というのはガイドラインとして押さえつつも、条件・状況の変更に応じて、「フィットネス-疲労理論」の考え方に基づいて微調整を加える作業が必要になります。

例えば、テーパリング期間における練習・トレーニングの「量」の減らし方が、最適なテーパリング期間に大きく影響を及ぼすであろうことは、「フ

表 11 テーパリング期間の設定がパフォーマンスに対する影響（競泳・ランニング・自転車）（文献 4 より引用）

	Effect size：平均（95%信頼区間）	対象者数
競　泳		
7 日間以下	−0.03（−0.41, 0.35）	54
8〜14 日間	0.45（−0.01, 0.90）	84
15〜21 日間	0.33（0.00, 0.65）*	75
22 日間以上	0.39（−0.08, 0.86）	36
ランニング		
7 日間以下	0.31（−0.08, 0.70）	52
8〜14 日間	0.58（0.12, 1.05）*	38
15〜21 日間	−0.08（−0.95, 0.80）	10
22 日間以上	−0.72（−1.63, 0.19）	10
自転車		
7 日間以下	0.29（−0.12, 0.70）	47
8〜14 日間	1.59（−0.01, 3.19）*	33
15〜21 日間	データなし	―
622 日間以上	データなし	―

＊P ≦ 0.05 vs. テーパリング前。

ィットネス−疲労理論」を理解しておけば容易に想像がつきます。

　メタ分析の結果によると，「量」の最適な減少率は 41〜60％程度でしたが，なんらかの事情でそれよりも減少率が小さくなってしまう場合があるかもしれません。その場合，テーパリング期間中の疲労除去スピードが遅くなると推測されるため，最適なテーパリング期間は一般的に推奨される 8〜14 日間よりも長くなるでしょう。逆に，テーパリング期間中に「量」の減少率が 41〜60％よりも大きくなってしまう場合，疲労除去のスピードがより速くなる一方で detraining もより速く進むので，結果として最適なテーパリング期間は一般的に推奨される 8〜14 日間よりも短くなると考えられます。

　また，テーパリング開始時点での疲労蓄積の度合いによっても，最適なテーパリング期間が変わると予想されます。例えば，テーパリング開始前の時期（pre-taper period）において，風邪をひいてしまった，ケガをしてしま

3. テーパリングの実際

った，仕事・学業が忙しかったなどの事情で，数週間，練習・トレーニングをしっかりとできなかったというケースが考えられます。そのような場合，テーパリング開始時においては，疲労がそれほど蓄積していない一方でフィットネスは低下しているので，テーパリング期間はガイドラインで示されている8〜14日間よりも短く設定する必要が出てきます。実際に，私が担当していたアスリートがオリンピックに出場することになった時には，オリンピック本番の数ヵ月前にメディア取材や多くの壮行会などに想定以上に時間をとられ，pre-taper periodにおける練習・トレーニング量が大幅に減ってしまったため，テーパリング期間を短縮せざるをえなかったというケースも経験しました。

逆に，テーパリング開始時点で通常よりも疲労が蓄積しているような状況では，テーパリング期間を一般的に推奨されている8〜14日間よりも長めに設定する必要があります。例えば，サッカーやバスケットボールなどのチーム競技のアスリートが，所属チームでの長いシーズンを終えて疲労が蓄積している状態で国の代表チームに合流し，オリンピックや世界選手権に向けてテーパリングを実施するケースなどがこれに当てはまります。

以上をまとめると，最適なテーパリング期間のガイドラインとしては，2週間弱（8〜14日間）が一般的には推奨されます。ただし，これはあくまでも多くのアスリートに当てはまる一般論です。アスリートごとの個人差もあり，テーパリング期間中の練習・トレーニング量の減らし方や，pre-taper periodにおける練習・トレーニングの負荷の大きさなどの条件が変わると，最適なテーパリング期間が短くなったり長くなったりする可能性もあります。したがって，ピーキングを成功につなげるためには，ガイドラインを参考にしつつも，「フィットネス-疲労理論」の考え方に基づいて，アスリートや目の前の状況に応じて，必要とされる調節をテーパリング計画に加えることが重要になります。

> **最適なテーパリング期間は2週間弱（8〜14日間）。**

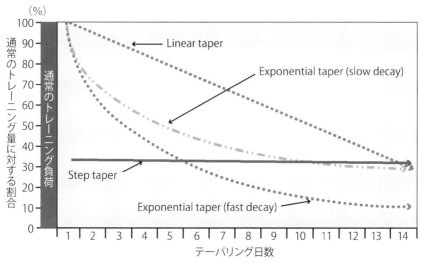

図8 4つのテーパリングのタイプ（**文献10より引用**）

3) テーパリングのタイプ

テーパリングを「徐々に練習・トレーニングの負荷を減らしていくこと」と定義しました。では，「徐々に減らす」とは，具体的にはどのように減らしていけば，ベストのピーキング効果を引き出すことができるのでしょうか。

Mujikaら[10]は，テーパリングのタイプを，

- Linear taper
- Exponential taper（fast decay）
- Exponential taper（slow decay）
- Step taper

の4つに分類しました（**図8**）。

「Linear taper」タイプは，テーパリング期間中に一定の低下率で直線的に練習・トレーニングの負荷を減らしていく方法です。一方，「Exponential taper」タイプは，練習・トレーニングの負荷を直線的に減らしていくので

3. テーパリングの実際

はなく，テーパリング初期に急激に減らし，その後，時間が経つにつれて減らし方を緩やかにしていく方法です。また，exponential taper はさらに「fast decay」と「slow decay」の2つに分類します。前者のほうがより急激に練習・トレーニングの負荷を減らすタイプ，後者のほうがより緩やかに練習・トレーニングの負荷を減らすタイプになります。さらに，「Step taper」タイプが用いられることもあります。Step taper においては，徐々に練習・トレーニングの負荷を減らしていくのではなく，テーパリング期間がはじまったら，練習・トレーニングの負荷を決まった量だけ一気にドンと減らし，それをテーパリング期間中ずっと維持します。図8で言うと，テーパリング開始と同時に練習・トレーニングの負荷を pre-taper period の30％にまで一気に減らし，その後はその水準を維持しています。そもそもテーパリングの定義は「徐々に」練習・トレーニングの負荷を減らすことなので，厳密に言うと Step taper はこの定義に当てはまりません。そのため，単純に「reduced training（負荷を減らしたトレーニング）」と呼ばれることもあります。しかし，ここでは Step taper を広義に解釈して，テーパリングの1つのタイプとして紹介します。

ちなみに，ここで紹介したテーパリングのタイプは，「練習・トレーニングの負荷」の減らし方について言及しているものです。しかし，すでに説明したように，練習・トレーニングの負荷を構成する3つの変数（強度，量，頻度）のうち，強度と頻度については維持あるいはそれほど減らさないのが最適であるという結果が出ています。したがって，テーパリングのタイプについて言及する際の「練習・トレーニングの負荷」の減らし方は，「量」の減らし方とほぼ同じであると捉えても，差し支えはないと考えられます。ここから先の議論については，テーパリング期間中に量をどのように減らしていくのがベストなのか，という観点で読み進めてください。

次に，どのタイプのテーパリングを選択すればピーキング効果が最も高くなるのかについて，Bosquet ら[4]のメタ分析の結果を紹介します。

Bosquet ら[4] は，Linear taper と Exponential taper（fast decay と slow decay）を1つにまとめて「Progressive taper」として分類し，Step taper

表12 テーパリングのタイプがパフォーマンスに対する影響（文献4より引用）

	Effect size：平均（95%信頼区間）	対象者数	P値
Step taper	0.42（−0.11, 0.95）	98	0.12
Progressive taper	0.30（0.16, 0.45）	380	0.0001

と比較しました（**表12**）。このような分類をした理由として，メタ分析に用いるために参照にした過去の研究において，どのようなタイプのテーパリングが用いられたかについて，論文内で明確にされていないケースが多く，詳細な分類が難しかったためと説明されています。

単純にeffect sizeの大きさだけを比べると，0.42と0.30で，Step taperのほうがパフォーマンス向上効果は大きいように見えます。しかしながら，Step taperのデータは全体の対象者数が少なく，95%信頼区間も比較的幅が大きいため，明確に結論を出すのが難しい結果だと言えます。

次に，**表13**に競技の種類（競泳，ランニング，自転車）ごとの分析結果を示しました。**表13**では，競技の種類によって効果の高いテーパリングのタイプが異なっています。例えば，競泳とランニングではProgressive taperのほうがパフォーマンス向上効果が高いようですが，自転車では逆の傾向がみられます。いずれにしても対象者数の少なさと信頼区間の大きさから，明確に結論を出すのが難しいと言えます。

Bosquetら[4]は，最適なテーパリングタイプはProgressive taperであると結論づけていますが，**表12**，**表13**の結果を見だけで客観的に解釈すると，そのような結論は導き出せません。したがって，Bosquetら[4]の結論は拡大解釈であると考えたほうがよいでしょう。冷静に判断すると，最適なテーパリングのタイプを，メタ分析の結果からのみで結論を出すのが難しいのが現状です。

しかし，どのタイプのテーパリングを採用すべきかについての明確な科学的知見が存在しなかったとしても，実際に現場でアスリートを指導している立場としては，どのテーパリングを採用するのか，選択をしなくてはなりません。そこで，そのような選択の参考になると思われる，さまざまなテーパ

3. テーパリングの実際

表13 テーパリング期間中に頻度を減らす場合と減らさずに維持する場合のパフォーマンスに対する影響（競泳・ランニング・自転車）（文献4より引用）

	Effect size：平均（95%信頼区間）	対象者数
競泳		
Step taper	0.10（−0.65, 0.85）	14
Progressive taper	0.27（0.08, 0.45）*	235
ランニング		
Step taper	−0.09（−0.56, 0.38）	36
Progressive taper	0.46（0.13, 0.80）*	74
自転車		
Step taper	2.16（−0.15, 4.47）	25
Progressive taper	0.28（−0.10, 0.66）	55

＊P ≦ 0.05 vs. テーパリング前。

リングタイプの効果を直接比較した研究を紹介します。

Banisterら[2]は，数学モデルによるシミュレーション結果から，Step taperよりもExponential taperのほうがパフォーマンス向上効果は高く，また，Exponential taperでもfast decayのほうがslow decayよりもパフォーマンス向上効果が高いと予測しました。そして，実際にトライアスロン選手を対象に，その予測の正確性を確認する実験を実施しました。自転車エルゴメータによるテスト結果は，シミュレーション結果のとおりとなり，Step taperよりもExponential taper，slow decayよりもfast decayのほうがパフォーマンス向上効果は高いことが確認されました。しかし，5 km走のタイムに関しては，それぞれのタイプのテーパリングの間で統計学的な有意差は認められませんでした。ただし，この研究では対象者数が少なく（各グループ3〜6人），統計学的パワーも小さいと推測されるため，統計学的な有意差がなかったからといって，それぞれのテーパリングタイプ間で効果に差がないと結論づけることはできません。実際，データを精査してみると，5 km走のタイムについても，Step taperよりもExponential taper，slow decayよりもfast decayのほうが，パフォーマンス向上効果が高くなる傾向が見ら

れます。

　Thomas ら[14]は，数学モデルによるシミュレーションを実施し，さまざまなタイプのテーパリングによるパフォーマンス向上効果の違いについて報告しました。具体的には，Step taper，Linear taper，Exponential taper の3種類のテーパリングについて調べています。まず，Linear taper と Exponential taper の比較においては，パフォーマンス向上効果に大きな差は見られませんでした。次に，Step taper と Linear taper を比較した場合も，パフォーマンス向上効果に違いは見られませんでした。しかし，テーパリング開始前の pre-taper period に 28 日間にわたってトレーニングの負荷を通常より 20％増やす「pre-taper overload training」戦略を取った場合には（論文中では「overload period」と呼ばれています），Step taper よりも Linear taper のほうがパフォーマンス向上効果が高かったと報告されています。ちなみに，Step taper と Exponential taper の直接比較のデータは報告されていませんが，Linear taper も Exponential taper もほぼ同じ傾向を示したと説明されているので，おそらく「pre-taper overload training」戦略を採用した場合は，Exponential taper のほうが Step taper よりもパフォーマンス向上効果が高いとする同様の傾向が見られたものと解釈できます。

　以上をまとめると，最適なテーパリングのタイプについては，現時点での研究結果から判断するかぎりでは，明確な科学的根拠を提示するのが難しい状況で，今後のさらなる研究が期待されます。ただし，異なるテーパリングのタイプのパフォーマンス向上効果を直接比較検討したいくつかの研究結果に基づいて考えてみると，Step taper よりも Linear taper や Exponential taper のほうが，パフォーマンス向上効果が高い可能性があります。つまり，テーパリング開始後，一定の割合だけ一気にトレーニングの負荷を下げる方法（Step taper）よりも，「徐々にトレーニングの負荷を減らす」というテーパリングの定義に近い Linear taper や Exponential taper のほうが望ましいと考えられるのです。ただし，Linear taper と Exponential taper の間の比較では，どちらか一方のほうがより効果が高いとする研究結果は現時点で確認されないため，どちらかを推奨することはできません。

3. テーパリングの実際

> 最適なテーパリングのタイプについてはさらなる研究が必要だが，現時点では Step taper よりも Linear taper もしくは Exponential taper が推奨される。

4）科学的知見に基づくテーパリングのガイドラインまとめ

　ここで，これまで紹介したテーパリングのガイドラインを1つにまとめます。これらのガイドラインの内容の大部分は科学的知見（特にメタ分析の結果）に基づいていますが，現時点では科学的根拠が十分ではない部分もあります（特にテーパリングのタイプについて）。そのような場合は，現状手に入る科学的データを参考にして，できるだけ論理的に推測をしたうえでガイドラインを作成しましたが，今後の研究が進むことで変更される可能性は十分にあります。したがって，ここで紹介するガイドラインは，そのような背景を理解したうえで参考にしてください。

　テーパリングを実施することで最適なパフォーマンス向上効果を得るためには，テーパリング期間の長さは2週間弱（8～14日間）に設定し，テーパリング期間中は強度を維持し，頻度もできるだけ維持しながら（80%以上），Linear taper あるいは Exponential taper の形にしたがって徐々に量を41～60%程度減らしていくことが推奨されます。

> **テーパリングのガイドライン**
> - 強度は維持する
> - 量を41～60%程度減らす
> - 頻度をできるだけ（80%以上）維持する
> - テーパリング期間は2週間弱（8～14日間）
> - タイプは Linear taper もしくは Exponential taper（徐々に減らす）

　このガイドラインは，「標準的なテーパリングのシナリオ」において運用

すれば，多くのアスリートに対して，多くの状況で当てはまると考えられる「best bet（安全策，一番確実な方法）」なアプローチです。まずはこのガイドラインを知っておく，そして理解しておくことが大切です。そのうえで，「標準的なテーパリングのシナリオ」とは異なる状況でテーパリングを計画せざるをえない時，あるいはなんらかの事情でガイドラインの一部を変更せざるをえない場合には，このガイドラインに固執することなく，テーパリング計画に適切な修正を加えることが必要となります。そして，そのような状況に立たされた時に，このガイドラインにどのような修正を加えればよいのかを判断する能力を身につけるためには，第2章で説明した「フィットネス－疲労理論」に基づいたテーパリングのメカニズムに対する理解を深めておくことが絶対に必要です。

ちなみに，ここで示したガイドラインが当てはまる「標準的なテーパリングのシナリオ」というのは，テーパリング開始前の pre-taper period において，数週間から数ヵ月間にわたり，通常の負荷レベルでの練習・トレーニングを継続して実施できていて，フィットネスもほどほどに高まっており，疲労もほどほどに蓄積している状況を想定しています。「ほどほど」という表現は曖昧でわかりづらく感じるかもしれませんが，要するに，極端にフィットネスが低下していたり，極端に疲労が蓄積したりしていない状態と理解してください。逆に言うと，極端にフィットネスが低下していたり，極端に疲労が蓄積したりしている状況では，テーパリングのガイドラインをそのまま当てはめてもピーキングが成功しない可能性があるということです。

2 科学的知見に基づくテーパリングのガイドラインが当てはまらないシナリオ

前項では，「標準的なテーパリングのシナリオ」において推奨される best bet のアプローチである「科学的知見に基づくテーパリングのガイドライン」を紹介しました。しかし，必ずしも毎回標準的なシナリオからテーパリングを開始できるとはかぎりません。場合によっては，標準的なシナリオとは大

3. テーパリングの実際

きく異なる状況下で，テーパリングを開始せざるをえないこともあるでしょう。

そのような状況で，「科学的知見に基づくテーパリングのガイドライン」をそのまま当てはめても，ピーキングの成功にはつながらない可能性があります。したがって，標準的なテーパリングのシナリオが当てはまらない場合には，テーパリングのメカニズムの理解に基づいて，テーパリングのやり方を修正する必要が生じます。そこで，本項では，標準的ではないシナリオの典型的な例をいくつか紹介し，そのような場合，どのようにテーパリング計画を修正すればよいのかについて説明します。

ここで紹介するのは，あくまでもどのように修正すればよいのかという「考え方」です。テーパリングを実施するシナリオは2つとして同じものはありません。まったく同じシチュエーションはありえないのです。したがって，ここで紹介する修正の仕方をそのまま当てはめればピーキングがうまくいくと保証しているわけではありません。

理想的には，テーパリング計画の立案担当者が，目の前のアスリートや状況を見極めたうえで，「科学的知見に基づくテーパリングのガイドライン」を参考にしながら，「フィットネス−疲労理論」的な思考法を用いて，シチュエーションごとに最適な修正を加えることが望ましいのです。そして，そのような能力を身につけるための学習教材として，これから紹介する「考え方」の例を参考にしてみてください。

また，ここで紹介する内容は，第2章の「テーパリングが失敗しうるシナリオ」で紹介したものと多少重複する部分もあります。しかし，テーパリングの理解を深めるためには，同様の内容を複数回読んでいただくことも役に立つと考え，重複部分はあえてそのままにしました。

シナリオ1：テーパリング開始前にあまり練習・トレーニングが積めていない

「標準的なテーパリングのシナリオ」では，テーパリング開始前のpre-taper periodにおいて，数週間から数ヵ月間にわたり，通常の負荷レベ

ルでの練習・トレーニングを継続できている状況を想定していました。そのような形で，pre-taper period においてしっかりと練習やトレーニングを積んでおくことの重要性については，第2章でも説明したとおりです。

　しかし，常にそのような理想的な状況からテーパリングを開始できるとはかぎりません。場合によっては，テーパリング開始前にあまり練習やトレーニングが積めていない状態から，狙った試合に向けての最終調整段階に入らざるをえないこともあります。

　学生アスリートで試験勉強をしないといけなかった，ケガをして練習・トレーニングをしっかり積めなかった，壮行会やその他のイベントで忙しくて練習・トレーニング量が減ってしまった，など理由はどうあれ，pre-taper period において，あまり練習・トレーニングが積めていないという状況に直面することは往々にしてあります。そして，そのような状況では，すでに紹介した「科学的知見に基づくテーパリングのガイドライン」をそのまま当てはめても，ピーキングがうまくいかない可能性が高いため，テーパリング計画を修正する必要があります。

　まず，pre-taper period での練習やトレーニングが不足している場合，「標準的なテーパリングのシナリオ」と比較して，「フィットネス」と「疲労」がどのような状況にあるのかを考えてみましょう。そもそも練習・トレーニング量が不足している場合，テーパリング開始時においては，フィットネスは低く，疲労の蓄積も少ない状況にあると推測されます（ここでの「低い」「少ない」といった表現は，「標準的なテーパリングのシナリオ」と比較した場合の相対的な意味合いで使っています）。

　そのような状態から，ガイドラインに基づいた通常どおりのテーパリングを実施して練習・トレーニングの負荷を徐々に減らしていったとしても，うまく preparedness を高めていくことができる可能性は低いでしょう。なぜなら，テーパリングのメカニズムの本質は，徐々に練習・トレーニングの負荷を減らしていくことにより，pre-taper period に高めておいたフィットネスをできるだけ維持しつつ，蓄積された疲労を除去していくことにあるからです。しかし，pre-taper period において練習やトレーニングがしっかりと

3. テーパリングの実際

積めていないのであれば，そもそもフィットネスは高まっていないし，取り除くだけの疲労もそれほど蓄積していないため，通常のテーパリングのメカニズムが働いて preparedness が向上していくことは期待できないのです。

仮に，そのような状況で，科学的知見に基づくテーパリングのガイドラインをそのまま当てはめて実施したら，どのようなことが起こるでしょうか。まず，プラスの出力である「フィットネス」に注目してみると，テーパリング期間中は練習・トレーニングの負荷を徐々に減らしていくので，pre-taper period における練習・トレーニング不足によりもともと低下していたフィットネスは，そこからさらに低下していく可能性が高いと想定されます。一方で，マイナスの出力である「疲労」は，そもそもテーパリング開始時点でそれほど蓄積していないので，テーパリング期間中に練習・トレーニングの負荷を減らしたからといって，マイナスの出力である疲労が大きく減少することで preparedness が向上していく，というメカニズムが働くこともあまり期待できません。そのような状況では，「疲労が減少する速度＞フィットネスが低下する速度」というテーパリングがピーキングにつながるメカニズムがそもそも当てはまらない可能性が高いため，良くても preparedness を維持できる程度，むしろ低下していくリスクのほうが高いと考えられます。特に，テーパリングを開始してから時間が経てば経つほど，どんどん preparedness が低下していくリスクが高まるはずです。なぜなら，もともとそれほど蓄積していなかった疲労は早い段階でほぼゼロになってしまう一方で，フィットネスは時間が経つにつれて低下していくからです。

したがって，テーパリング開始前に練習やトレーニングがあまり積めていない状況では，ピーキング成功の可能性を高めるため，テーパリングのやり方に修正を加える必要があります。ガイドラインをそのまま当てはめるだけでは不十分なのです。ただし，「フィットネス−疲労理論」を正しく理解できていないと，修正方法の選択を誤るリスクがあるため，注意が必要です。

よくある典型的なまちがいは，「テーパリング開始前に練習やトレーニングがあまり積めていないためフィットネスが低下しているし，そもそも疲労はそれほど蓄積していないから，テーパリング期間中に徐々に練習・トレー

ニングの負荷を減らして疲労を取り除く必要性は少ない．それなら，低下しているフィットネスを一気に向上させるために，一時的に練習・トレーニングの負荷を大幅に増やして，pre-taper period で練習やトレーニングを積めなかった分を一気に取り戻してやろう！」という考え方です．なんらかの事情で pre-taper period に十分な練習・トレーニングが積めずにフィットネスが低下してしまったから，せめて試合までの2週間程度のテーパリング期間中に少しでも取り戻したい，という気持ちはわかりますが，残念ながらそのような試みは失敗に終わるどころか，さらなる preparedness の低下をもたらすリスクのほうが高いのです．

　まず，「フィットネス–疲労理論」の説明を思い出してください．プラスの出力であるフィットネスには「変化の速度が遅い」という特徴があります．言い換えると，フィットネスは急に向上しないということです．フィットネスの向上には時間がかかるのです．したがって，狙った試合まであと数週間の時点で，一時的に練習・トレーニングの負荷を急激に増やしたところで，それほど大きなフィットネス向上は望めないため，pre-taper period での練習・トレーニング量の不足によるフィットネス低下分を取り戻すことはできません．逆に，マイナスの出力である疲労には「急性の変化量が大きい」という特徴があるので，重要な試合の直前に無理して練習・トレーニングの負荷を急激に増やしてしまうと，疲労が一気に蓄積してしまうリスクがあります．結果として，preparedness が増えるどころか低下する可能性のほうが高く，ピーキングは失敗に終わってしまいます．また，練習・トレーニングの負荷を急激に増やすことはケガのリスク増加にもつながるため[7]，最悪の場合，重要な試合の直前にケガをしてしまうことにもなりかねません．もしそうなったら，ピーキングは大失敗です．

　では，テーパリング開始前にあまり練習・トレーニングが積めていないという状況で，テーパリング計画に加えるべき適切な修正とは，どのようなものなのでしょうか．

　まず重要なのは，pre-taper period における練習・トレーニング不足によるフィットネスの低下は，いったんテーパリング期間に入ってしまえばもう

3. テーパリングの実際

取り戻せない,と認識することです。テーパリング開始時にフィットネスが低下してしまっているのであれば,狙った試合まで2週間弱ほどの時点でジタバタしたところで,もうどうしようもないのです。諦めが肝心です。無駄な抵抗をしようとして,練習・トレーニングの負荷を急激に増やしたところで,フィットネスが一気に向上することはなく,逆にさらなるマイナスの結果につながったりケガをしてしまったりするリスクが高まるのは,すでに説明したとおりです。一方で,通常のテーパリングのやり方を当てはめるだけでは preparedness がさらに低下していくリスクが高いため,テーパリング計画に修正を加える必要があるのはまちがいありません。

1つの修正方法としては,テーパリングの期間を短縮することが考えられます。そもそも疲労がそれほど蓄積していないので,ガイドラインとして推奨される2週間弱というテーパリング期間を設ける必要性は小さいはずです。代わりに,例えば1週間程度にテーパリング期間を短縮し,それまでは通常レベルの負荷で練習・トレーニングを継続するという選択肢が有効であると考えられます。この追加の1週間の pre-taper period だけでフィットネスを大幅に向上させることは難しいですが,フィットネスを維持する(フィットネス低下速度を遅らせる)効果は多少期待できます。結果として,通常のテーパリングのガイドラインを当てはめて,2週間弱かけて練習・トレーニングの負荷を徐々に減らしていく場合と比較すると,ほんのわずかですが,preparedness がより高い状態で重要な試合に臨めるようになる可能性があります。ただし,テーパリング期間を短縮したことで発生する追加のpre-taper period において,急激に練習・トレーニングの負荷を増やしてしまうと元も子もありません。あくまでも,テーパリング期間を短縮することで発生した追加の pre-taper period においては,通常レベルの練習・トレーニングを継続することが大切です。

もう1つの修正方法としては,テーパリング期間の長さは変えずに,量の減らし具合を調節することが考えられます。「科学的知見に基づくテーパリングのガイドライン」では,テーパリング期間中に練習・トレーニング量を41～60%程度減らすことが推奨されていますが,この減少率を例えば21～

40％程度に抑えるという方法です。このようにテーパリング期間中の量の減少率を抑えると，テーパリングによる疲労除去効果も小さくなってしまいますが，そもそもこのシナリオにおいては取り除く必要のある疲労のレベルがそれほど高くないため，問題になる可能性は低いでしょう。一方で，量の減少率を抑えるということは，テーパリング期間中の練習・トレーニング量が相対的に増えることになるため，これによりフィットネスを維持する，あるいはフィットネスの低下速度を遅らせる効果の増大が期待されます。結果として，ガイドラインどおりに量を41～60％程度減らすよりも，ほんのわずかだけpreparednessが高い状態で狙った試合を迎えることができるようになります。

したがって，テーパリング開始前のpre-taper periodにおいて，あまり練習・トレーニングを積めていないという状況でテーパリング計画に加える修正案としては，「テーパリング期間を短縮する」と「量の減少率を小さくする」という2つ選択肢が考えられます。この2つのうち，どちらのほうが効果が高いかを明言するのは難しいので，目の前の状況において，どちらが実施しやすいかなどを見極めたうえで，適切な選択をしてください。

例えば，狙った試合の1週間前に試合開催地に移動して最終調整をする予定になっていて，現地では練習・トレーニング環境が著しく制限され，どちらにしても練習・トレーニングの負荷を大きく減らさざるをえないことが事前にわかっているような状況であれば，あらかじめそれを見越して「テーパリング期間を短縮する」を選択し，出発直前までは普段練習をしている場所で通常の負荷レベルでの練習・トレーニングを継続したほうがよいでしょう。

いずれにしても，テーパリング計画にそのような修正を加えることで得られるアドバンテージは，「科学的知見に基づくテーパリングのガイドライン」をそのまま当てはめた場合と比較して，ほんのわずかだけpreparednessが高い状態で狙った試合に臨める，程度のものです。それを正しく認識したうえで，それでもそのほんのわずかな差が勝つか負けるかを分ける可能性があると信じて，適切な修正をテーパリング計画に加えることが大切です。テー

パリングを計画する時には，冷静に現実を受け止めたうえで，与えられた状況でベストを尽くす姿勢が求められます。

シナリオ2：テーパリング開始前に通常以上の疲労が蓄積している

次に，シナリオ1とは逆に，テーパリング開始前に通常以上の疲労が蓄積している状況におけるテーパリング計画の修正方法について検討します。本書でも何度か登場している「pre-taper overload training」のように，pre-taper periodでの練習・トレーニングの負荷を意図的に通常よりも増やす戦略を採用することもありますが，ここではそれとは別に，意図せずに疲労が蓄積してしまっているシナリオに絞って考えます。

まず，テーパリング開始前に通常以上の疲労が蓄積してしまっているケースとしては，サッカーやバスケットボール，ラグビーのような球技系競技において，所属リーグでの長いシーズンを終えた後に，日本代表チームに合流し，世界選手権やワールドカップ，オリンピックなどの国際大会に向けて準備をする場合があげられます。長いシーズンを戦い抜いてきたことによる蓄積疲労や，シーズン終盤における優勝争い，プレイオフ出場争い，下位リーグとの入れ替え戦などのプレッシャーのかかる試合を戦ったことにより，通常以上のレベルの疲労が蓄積している可能性が高いと想定されます。

あるいは，pre-taper periodにおいて，レベルの高いアスリートやチームとの合同練習や合同合宿が組まれることがあります。対戦型の競技でよくみられます。重要な試合本番の前に，普段は経験できない強い相手との練習や試合をできるだけ多く実施しておきたいという思惑のために，量も強度も一気に増えてしまい，疲労が著しく溜まってしまうというケースがあります。私の経験上，日本代表選手やチームが，世界選手権やオリンピックなどの大きな大会の前に，外国人選手特有の身体の大きさや力の強さに慣れておきたいという理由で，そのような合同練習・合宿を組むケースがありました。あらかじめ大会がはじまる前に，強い相手との対戦に慣れておくことは，技術面や戦術面，あるいは心理的な面で大きなメリットがあると考えられます。

しかし，練習の量をうまくコントロールできないと，意図せず練習・トレーニングの負荷が急激に増えてしまい，テーパリング開始前に通常以上に疲労が蓄積してしまうことがありえます。

事情が何であれ，pre-taper period において予期せず練習・トレーニングの負荷が増えてしまった場合，標準的なテーパリングのシナリオと比較すると，テーパリング開始時におけるフィットネスのレベルは少し高くなっている一方で，疲労の蓄積も通常より大きくなっていると想定されます。そのような状況において，「科学的知見に基づくテーパリングのガイドライン」をそのまま当てはめてしまうと，狙った試合までに疲労の除去が間に合わない可能性があります。その結果，preparedness がピークに到達する前に重要な試合を迎えることになり，ピーキングが失敗してしまうこともありえるでしょう。

テーパリング開始時に疲労が通常以上に蓄積している状況で，狙った試合までに疲労の除去を間に合わせるため，テーパリング戦略に加えるべき修正策としては，「テーパリング期間を延長すること」と「テーパリング期間中の量の減少率を増やすこと」の2つの選択肢が考えられます。理屈のうえでは，そのどちらも疲労減少の促進につながる効果があります。しかし，ここでは意図せずに（事前に計画したわけでなく）pre-taper period の練習・トレーニングの負荷が増えることで疲労が通常以上に蓄積してしまうシナリオを想定しているので，それをあらかじめ予測しておいてテーパリング期間を延長するという選択をすることはできません。試合の日程は動かせないのですから。したがって，テーパリングのガイドラインに則って，狙った試合の2週間弱ほど前からテーパリングを開始しようとしたら，想定以上に疲労が蓄積してしまっていた，というケースにおいて選択可能なオプションは，「テーパリング期間中の量の減少率を増やすこと」のみとなります。

「科学的知見に基づくテーパリングのガイドライン」では，テーパリング期間中に量を41〜60%程度減らすことが推奨されていますが，この減少率を61〜80%程度に増やせば，通常よりも疲労除去効果やそのスピードを促進することができるはずです。その結果，テーパリング開始時に通常以上に

3. テーパリングの実際

疲労が蓄積しているケースにおいても，狙った試合までに疲労を除去して preparedness を最大限に高めることができる，つまりピーキングを成功させる確率を高めることができると期待されます。

しかし，このような修正が通用するのは，テーパリング期間中の量の減少率を増やすだけで，疲労除去が試合までに間に合う場合にかぎります。どれだけ量の減少率を増やしたとしても，狙った試合までに取り除くことができないほどのレベルの疲労が蓄積してしまっている場合は，ある程度の疲労が残っている状態で試合に臨まざるをえません。もちろん，それでもテーパリングのガイドラインをそのまま当てはめて，量の減少率を 41〜60％程度にする場合と比較すれば，より疲労が取り除かれて，preparedness も多少はより高い状態で試合に臨める可能性もありますが，理想からはほど遠いでしょう。

したがって，pre-taper period において練習・トレーニングの負荷が増えてしまい，テーパリング開始時において疲労が溜まりすぎてしまうと，テーパリング期間中に量の減少率を増やす修正を加えるだけでは間に合わないリスクがあるということを認識しておくことが重要です。ここでは，pre-taper period での練習・トレーニングの負荷レベルをコントロールできず意図せず増えてしまうケースを想定しているので，そのようなケースにおいては，与えられた状況の中で最適な選択をするしかありません。しかし，もし多少なりとも pre-taper period における練習・トレーニングの負荷をコントロールできる可能性があるのであれば，先を見越して，テーパリング期間だけでなく pre-taper period もセットで考えて事前に長期計画を立てておくことが重要です。

シナリオ 3：ピーキングのターゲットとなる重要度の高い試合が複数あり，その間が数週間しかない

すでに紹介した「科学的知見に基づくテーパリングのガイドライン」は，1 つの狙った試合に向けてピークを合わせるシナリオを想定しています。しかし，現実には，ピークを合わせたい重要度の高い試合が複数あるケースも

存在します。例えば，世界選手権（またはオリンピック）が競技シーズンの中で最も重要な試合で，そこに向けて preparedness の最も大きなピークを合わせたいけど，その出場権を獲得するためには，その前に開催される全日本選手権でよい成績をあげる必要がある，というようなケースです。

　もし，全日本選手権と世界選手権（またはオリンピック）の間が3〜4ヵ月も空いているのであれば，まずは全日本選手権に向けてガイドラインどおりにテーパリングを実施して preparedness のピークを合わせておき，終了後はまたはじめから通常レベルの練習・トレーニングを再開して，世界選手権（またはオリンピック）が近づいてきたら再びガイドラインどおりのテーパリングを実施すればいいので，特に大きな問題はありません。2つの「標準的なテーパリングのシナリオ」において，「科学的知見に基づくテーパリングのガイドライン」どおりのテーパリングを2回繰り返せばいいだけです。

　しかし，全日本選手権と世界選手権（またはオリンピック）の間が数週間しか空いていなかったとしたらどうでしょうか。もし，全日本選手権に向けて，ガイドラインに基づいた通常のテーパリングをそのまま実施したら，全日本選手権では preparedness がピークに達し，よいコンディションで試合に臨めるかもしれません。しかし，その後，世界選手権（またはオリンピック）に向けては数週間しか残されていないので，再び通常レベルの練習・トレーニングを積んでフィットネスを高め直し，疲労を再び蓄積させた状態にしておき，試合が近づいてきたらテーパリングを実施して，できるだけフィットネスを維持しつつ疲労を除去して preparedness をピークにもっていく，ということはできません。つまり，ピークを合わせたい2つの重要な試合の間の期間が短い場合には，「科学的知見に基づくテーパリングのガイドライン」どおりのテーパリングを単純に2回繰り返すことができないのです。

　このようなケースにおけるテーパリング計画の修正案としては，大きく2つのパターンが考えられます。そして，そのどちらの案を採用すべきかは，「全日本選手権の重要度」によって左右されます。言い換えると，1つ目の試合と2つ目の試合における相対的な重要度がどちらが高いかによって，適切

3. テーパリングの実際

な修正案が変わってくるのです。

まず，世界選手権（またはオリンピック）の出場権を獲得できるかどうかギリギリの状況・レベルにあるアスリートやチームの場合です。このような場合では，世界選手権（またはオリンピック）に向けて，力を温存しておく余裕はないため，しっかりとテーパリングをして最高のコンディションで全日本選手権に臨む必要があります。つまり，1つ目の試合のほうが2つ目の試合よりも相対的な重要度が高いというケースです。このような場合は，まずは全日本選手権に向けてガイドラインに基づいたテーパリングをそのまま実行することが最適な選択でしょう（仮に，標準的なシナリオが当てはまらない場合は，シナリオ1やシナリオ2で説明したような修正を加える必要があります）。

ピーキングが成功して全日本選手権でよい成績をあげ，世界選手権（またはオリンピック）の出場権を獲得することができたとします。この時点では（つまりピーキング直後では），プラスの出力である「フィットネス」は少しずつ低下しはじめていて，マイナスの出力である「疲労」はほとんど取り除かれてゼロに近い状態にあると想定されます。そのような状況で，世界選手権（またはオリンピック）まで数週間しか残されていないとすると，残りの期間における練習・トレーニングの負荷をどのように計画していけばよいのでしょうか。

このような状況では，世界選手権（またはオリンピック）を基準にして考えると，全日本選手権に向けてのテーパリング期間中，そして全日本選手権の期間中は，練習・トレーニング量が大幅に減っているわけですから，シナリオ1で紹介した「テーパリング開始前にあまり練習・トレーニングが積めていない」状況に類似していることがわかります。そして，そのような状況において，テーパリング計画に加えるべき修正案としては，「テーパリング期間を短縮する」と「量の減少率を小さくする」という2つ選択肢が考えられると説明しました。

したがって，全日本選手権に向けてガイドラインどおりにしっかりとテーパリングを実施し，その後，世界選手権（またはオリンピック）に向けて数

週間しか残されていない状況では，テーパリング期間を短縮する（例えば1週間）か，テーパリング期間中の量の減少率を小さくする（例えば21〜40％減らす）ことが推奨されます（または，両者を組み合わせる）。そして，全日本選手権終了後から世界選手権（またはオリンピック）に向けてのテーパリング開始までのわずかな期間（pre-taper period）においては，無理して急激に練習・トレーニングの負荷を増やすというまちがいは絶対に避けなければなりません。繰り返しますが，フィットネスは急激に増えない一方で，疲労は急激に溜まるリスクがあるのです。したがって，世界選手権前のpre-taper periodにおいては，通常レベルの負荷で練習・トレーニングをこなして，疲労の急激な蓄積を避けつつ，フィットネスの微増または維持を狙う戦略が有効となります。

一方，世界選手権（あるいはオリンピック）の出場権獲得がほぼ確実な状況・レベルにあるアスリートやチームの場合は，テーパリングの戦略は大きく異なります。これは，1つ目の試合よりも2つ目の試合のほうが相対的な重要度が高いというケースにあたります。最大のピークは世界選手権（あるいはオリンピック）に合わせたいので，全日本選手権に向けて通常どおりのテーパリングをすることは最適な選択ではありません。しかし，全日本選手権でのコンディションが悪すぎて結果が出なければ出場権を逃してしまうという最悪の結果になってしまいかねないので，全日本選手権に向けてのコンディション調整をまったくしないというわけにもいきません。

このような状況では，全日本選手権に向けて「ミニテーパリング」を実施してミニピークをつくり，その後，世界選手権（またはオリンピック）に向けてしっかりとテーパリングをして最大のピークを合わせるという方針が適切であると考えられます。

「ミニテーパリング」の具体策としては，「科学的知見に基づくテーパリングのガイドライン」よりもテーパリング期間を短くしたり，テーパリング期間中の量の減少率を小さく抑えたりするのがよいでしょう。例えば，テーパリング期間を1週間にして，その間の量の減少率を21〜40％程度に抑えるといった具合です。そのような「ミニテーパリング」を実施すると，ガイド

3. テーパリングの実際

ラインどおりの本格的なテーパリングを実施した場合ほどの preparedness の向上は望めませんが、それでも多少は preparedness を向上させることができます（ミニピーク）。世界選手権（あるいはオリンピック）の出場権獲得がほぼ確実なレベル・状況にあるアスリートやチームであれば、全日本選手権に向けたコンディション調整としては、これで十分なはずです。

「ミニテーパリング」を実施した場合、本格的なテーパリングを実施した場合と比べて、フィットネスの低下率は小さく抑えられます。一方、疲労については、多少取り除かれますが、完全に取り除かれてほぼゼロの状態になるわけではありません。そのような状況を踏まえて、全日本選手権終了後から世界選手権（またはオリンピック）までの期間における pre-taper period およびテーパリングの戦略を練る必要があります。

世界選手権（またはオリンピック）を基準に考えて、全日本選手権およびその直前のミニテーパリングの期間も含めて pre-taper period と捉えると、この状況は、pre-taper period の一部の時期において、練習・トレーニング量が通常レベルよりも少しだけ減ってしまうシナリオと捉えることができます。これはシナリオ1の「テーパリング開始前にあまり練習・トレーニングが積めていない」状況に類似しているので、テーパリング計画に加える修正案としては「テーパリング期間を短縮する」と「量の減少率を小さくする」という2つの選択肢が考えられます。

しかし、pre-taper period における練習・トレーニングの負荷の低下の「度合い」という点で考えると、このケースはそれほど深刻ではないので、それに合わせて、「テーパリング期間を短縮する」「量の減少率を小さくする」といった修正の「度合い」も小さめに抑えたほうがよい結果につながるでしょう。この「度合い」をどの程度に設定するのが適切なのかは状況によって変わるので、それこそテーパリング計画立案者の腕の見せどころです。「フィットネス–疲労理論」という考え方の正しい理解に基づいて、目の前の状況を正確に分析したうえで、適切な選択をすることが求められます。

以上、比較的短い期間内に全日本選手権と世界選手権（またはオリンピック）が予定されている例をあげて解説しました。これはあくまでも1つの例

ですが，他のシナリオであっても，重要度の高い試合の間が数週間しかないケースはありますし，そのような状況ではここで紹介した考え方が当てはまるはずです．参考にしてください．

シナリオ4：重要な試合が1日で終わらず，数日間から数週間続く

　すでに紹介した「科学的知見に基づくテーパリングのガイドライン」は，ランニング・競泳・自転車などの記録系個人種目のアスリート（特に持久系競技）を対象とした研究結果に基づいています．これらの競技は，試合が1日で終わるケースが多いので，「科学的知見に基づくテーパリングのガイドライン」は，狙った試合の1日だけにピークを合わせるのに適した方法であると考えられます．一方，試合が1日で終わらずに，数日間から数週間も続くような競技もあります．例えば，卓球やバドミントンは基本1日1試合のみが実施され，勝ち続けて決勝まで進むような場合は，何日間も試合をこなす必要があります．また，サッカー，ラグビーなど1試合あたりの消耗が激しく，試合と試合の間に数日間の休息を設けないとならないような競技では，1つの大会が数週間も続く場合があります．

　これらの競技では，狙った試合の1日だけにピークを合わせればよいのではなく，大会期間を通して，できるだけpreparednessが高い状態を維持することが求められます．したがって，「科学的知見に基づくテーパリングのガイドライン」をそのまま当てはめただけではピーキングの成功につながるとはかぎらないので，テーパリング計画に適切な修正を加えることが必要になります．

　まず，数日間〜数週間にわたり高いpreparednessを維持することを目指す場合は，preparednessのピーク（最大値）は低くならざるをえないという点を理解する必要があります．1日だけの重要な試合に向けてピークを合わせる場合と同じpreparednessのレベルを数日間から数週間にわたって維持することは不可能です．そこは割り切って，ある程度高いレベルのpreparednessを大会期間中できるだけ維持することを目標にするよう頭を切り

3. テーパリングの実際

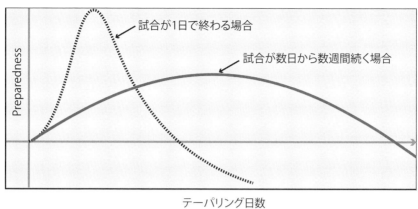

図9 重要な試合が1日で終わる場合と数日間から数週間続く場合のテーパリング

替える必要があります（**図9**）。そして，ある程度高いレベルのpreparednessを数日間から数週間にわたって維持することを目指す場合に，テーパリング計画に加えるべき修正の方向性としては，練習・トレーニングの負荷の減らし具合を抑えるということが考えられます。具体的には，「テーパリング開始を遅らせる」「量の減少率を小さくする」などの対策が考えられます。例えば，テーパリングを開始するタイミングを，ガイドラインどおりの2週間ほど前からではなく，1週間前からに変更し，量の減少率もガイドラインどおりの41〜60%ではなく21〜40%程度に抑えるといった具合です。

このようなテーパリングを実施すれば，ガイドラインどおりのテーパリングを実施した場合と比べると，より緩やかにpreparednessが上がっていき，少し低めのピークに到達し，その後のpreparednessの低下も緩やかにできるはずです（**図9**）。結果として，大会期間中においてpreparednessがある程度高いレベルを維持した状態で大会に臨むことができるようになることが期待できます。

また，サッカーやラグビーのように，試合間に休息日が設けられ，大会期間が数週間も続くような競技では，大会期間中も練習・トレーニングを継続する必要が出てくるかもしれません。そのような場合は，強度は高く維持し

つつ，量は低めに抑えて，疲労の蓄積が次の試合に悪影響を与えないように工夫しながら練習・トレーニング内容を決定することが重要です。どのようなタイミングでどのような内容の練習・トレーニングをどの程度実施すれば，フィットネスを高いレベルで維持しつつ，疲労による試合へのマイナスの影響を最低限に抑えることができるかは，「フィットネス−疲労理論」をしっかりと理解していれば，自ずと見えてきます。

3 戦略的な「pre-taper overload training」の利用

　テーパリング開始前のpre-taper periodにおいて，数週間から数ヵ月間にわたって，通常の負荷レベルでの練習・トレーニングを継続して実施できている状態（標準的なテーパリングのシナリオ）から，「科学的知見に基づくテーパリングのガイドライン」をそのまま当てはめるのが「best bet（安全策，一番確実な方法）」であると説明してきました。一方，ある程度のリスクを承知のうえで，あえてpre-taper periodにおける練習・トレーニングの負荷を通常レベルよりも増やすような「pre-taper overload training」という手法も存在します。

　シナリオ2において，意図せずテーパリング開始前に通常以上の疲労が蓄積してしまう状況について触れましたが，pre-taper overload trainingは意図的に（戦略的に）そのような状況をつくり出す手法になります。例えば，pre-taper periodにおいて，4週間にわたって練習・トレーニングの負荷を通常のレベルよりも20％増やしたり[14,15]，3週間にわたって30％増やす[1]，といったプロトコルが例として考えられます。

　理屈上は，pre-taper overload trainingを取り入れることで，通常レベルの練習・トレーニングを継続するよりも，フィットネスを大きく向上させることができると考えられます。一方，疲労の蓄積も通常より大きくなってしまいますが，その後のテーパリング期間中に練習・トレーニングの負荷を上手にコントロールして，向上したフィットネスをできるだけ維持しつつ，蓄積した疲労をしっかりと取り除くことさえできれば，preparednessをより

3. テーパリングの実際

高めた状態で狙った試合に臨めることになります。

　実際，研究でも，pre-taper overload training を用いたほうが，ピーキング効果をさらに高めることができる可能性が示唆されています[1, 14, 15]。例えば，Thomas ら[14] による数学モデルを用いたシミュレーション研究では，pre-taper period において 28 日間にわたって練習・トレーニングの負荷を通常よりも 20%増やす pre-taper overload training を導入した場合と導入しない場合を比較すると，前者のほうがパフォーマンス向上効果がわずかに高いと報告されています（101.8 ± 1.5% vs. 101.4 ± 1.3；overload training 開始前のパフォーマンスを 100%とした場合）。また，トライアスロン選手を対象にした研究[1] でも，pre-taper overload training を用いたほうが，漸増負荷自転車テストのパフォーマンスと最大酸素摂取量の向上効果が高くなったと報告されています。

　したがって，ほんのわずかなアドバンテージを求めてリスクを冒す覚悟があるのであれば，テーパリング開始前に pre-taper overload training を取り入れることは選択肢の 1 つになります。ただし，リスクを冒してでも pre-taper overload training を取り入れるかどうかを決断するためには，そもそもどのようなリスクが存在しているのかを把握しておかなければなりません。

　まず，練習・トレーニングの負荷を通常レベルよりも増やしている期間中は，preparedness が一時的に低下するリスクがあります。「フィットネス-疲労理論」に基づいて考えると，練習・トレーニングの負荷（入力）を増やせば，プラスの出力であるフィットネスもマイナスの出力である疲労も両方増えます。しかし，急性の変化量はマイナスの出力である疲労のほうが大きいという特徴があるため，一時的にプラスマイナスの合計である preparedness は低下すると予想されます。実際に，pre-taper overload training 期間中にパフォーマンスが低下することは，数学モデルを用いたシミュレーション研究[14, 15] やアスリートを対象とした実験[1] によっても確かめられています。もちろん，pre-taper overload training 期間中に一時的に preparedness が低下したとしても，その後のテーパリングを適切に実施してピーキン

グを成功させることができれば，狙った試合そのものに直接的な悪影響はありません。しかし，一時的に preparedness が低下している期間中は，練習の質が低下する可能性があり，技術を習得したり洗練させたりするという面でマイナスの影響が出る可能性があることは把握しておいたほうがよいでしょう。

また，pre-taper overload training を取り入れて一時的に練習・トレーニングの負荷を増やすと，免疫力が低下して病気にかかるリスクが高まる可能性[1]や，ケガのリスクが高まる可能性[5]が報告されています。テーパリング開始直前のこの時期に病気になったりケガをしたりすると，そもそも pre-taper overload training という形で負荷の高い練習・トレーニングを継続することができなくなります。それどころか，通常レベルの負荷での練習・トレーニングさえ実施できなくなるでしょう。また，病気やケガが長引けば，狙った重要な試合によいコンディションで臨めなくなるだけでなく，最悪の場合，出場できなくなる恐れがあります。そのようなリスクを理解したうえで，pre-taper overload training 実施中は通常以上に栄養や睡眠などのリカバリーに注意を払い，練習・トレーニングの負荷の増やし方にも細心の注意を払う必要があります。

さらに，pre-taper overload training を取り入れることによる最大のリスクは，ピーキングが失敗してしまう可能性が高まることです。Pre-taper overload training を導入したほうが導入しないよりも preparedness が高い状態で狙った試合に臨むことができると述べましたが，それはテーパリングが理想的に進んだ場合の話です。Pre-taper period において練習・トレーニングの負荷を増やすぶん，テーパリング計画の修正が必要になり，それがうまくいかないと，疲労が抜けきらずに preparedness が低い状態で試合に臨むという失敗につながりかねないのです。したがって，「フィットネス-疲労理論」に基づいてテーパリングのメカニズムを理解し，適切な修正をテーパリング計画に加えることができる，という確固たる自信がないのであれば，pre-taper overload training は取り入れずに，標準的なテーパリングのシナリオにおいて「科学的知見に基づくテーパリングのガイドライン」をそのま

3. テーパリングの実際

ま当てはめておいたほうが無難でしょう。

　以上のようなリスクを認識したうえで，それでもわずかなアドバンテージを求めて pre-taper overload training を取り入れると決断した場合は，「科学的知見に基づくテーパリングのガイドライン」をそのまま適用すればよいのではなく，テーパリング計画に適切な修正を加える必要が出てきます。

　「フィットネス-疲労理論」に基づいて考えると，pre-taper overload training を採用した場合は，マイナスの出力である疲労が通常以上に蓄積されると想定されます。そして，この疲労の除去を促進するためにテーパリング計画に加える修正の選択肢として，「テーパリング期間を延長する」と「テーパリング期間中の量の減少率を増やす」の2つがあります。2つのどちらの効果が高いかについては，数学モデルを用いたシミュレーション研究[15]が面白い示唆を提示してくれているので，ご紹介します。

　Thomas ら[15] のシミュレーション研究では，pre-taper period において 28 日間にわたって練習・トレーニングの負荷を通常よりも 20% 増やした場合（pre-taper overload training），preparedness を最大に高めるために必要となるテーパリング期間が約 3 週間（22.4 日間）であったのに対して，pre-taper period において通常のトレーニングを継続した場合は，最適なテーパリング期間が約 2 週間（16.4 日間）であったと報告されています（テーパリングのタイプとして Step taper を採用した場合）。つまり，pre-taper overload training を取り入れた場合，テーパリング開始時点における疲労蓄積が大きいため，それを取り除いて preparedness をピークにもっていくためには，より長いテーパリング期間が必要になるということです。

　また，Thomas ら[15] の研究でもう 1 つ興味深いのは，pre-taper overload training という戦略をとった場合ととらなかった場合で，preparedness を最大限に高めるのに最適な「量の減少率」にほとんど差が見られなかった点です（67.4% vs. 65.3%）。つまり，pre-taper overload training を取り入れた場合，「テーパリング期間中の量の減少率を増やす」よりも，「テーパリング期間を延長する」という選択のほうがパフォーマンス向上効果という点では好ましいということです。

したがって，もしpre-taper overload trainingを取り入れるのであれば，狙った試合までに蓄積疲労を取り除いてピーキングを成功させるために，テーパリング期間をガイドラインがすすめる2週間弱よりも延長する必要があります。狙った試合の日程は決まっていて動かせないので，テーパリング期間を延長するためには，テーパリングの開始日を早める必要があり，それに伴ってpre-taper overload trainingの実施期間も決めなければなりません。つまり，pre-taper overload trainingを適切に運用したうえでピーキングを成功させるには，かなり事前から綿密な準備・計画をしておく必要があるということです。単なる思いつきで，pre-taper periodに追い込むような練習・トレーニングを実施して疲労が蓄積してしまうと，その後，テーパリング期間を延長することができない場合は，手遅れになってしまい，ピーキングが失敗してしまうリスクが高まってしまいます。

　第2章で，ピーキングが失敗するシナリオ1として「追い込むようなトレーニングをして一度preparednessを落としてからテーパリングを開始する」というパターンを紹介しました。Pre-taper overload trainingを導入するシナリオは，この失敗のシナリオと紙一重です。両者の違いは，「フィットネス-疲労理論」に基づいてテーパリングのメカニズムをしっかりと理解したうえで，適切な調整をテーパリング計画に加えることができるか(pre-taper overload training)，あるいはそのような知識の前提もなく，とりあえず一度追い込まないといけないという根拠のない考え方でアスリートを追い込んでしまっているか（失敗するシナリオ1）という点です。

　これらをすべて理解して承知したうえで，それでもリスクをとって少しでもpreparednessを向上させないと狙った試合で勝てないという状況でギャンブルをする覚悟があるのであれば，pre-taper overload trainingを導入してみてください。ただし，pre-taper overload trainingは，上級者向けの戦術です。テーパリングのメカニズムを正しく理解し，テーパリング計画を適切に修正して運用できるだけの自信と覚悟がないのであれば，best betの方法である「科学的知見に基づいたテーパリングのガイドライン」を当てはめておいたほうが無難でしょう。

3. テーパリングの実際

4 テーパリングを実施する頻度

　「テーパリングを実施して真のピークを合わせることができる試合は年間で数試合にかぎられる」という議論があります。これは正しいのでしょうか。それとも，何の根拠もない，個人の意見にすぎないのでしょうか。

　第2章でテーパリングがピーキングにつながるメカニズムは「疲労が減少する速度＞フィットネスが低下する速度」であると説明しました。そして，そのようなメカニズムが働く前提として，「フィットネスが高まっている一方で疲労が蓄積している状態」が必要になります。そうした状態をつくり出すためには，数週間から数ヵ月間にわたって継続して通常レベルの負荷の練習・トレーニングを実施しなければなりません。つまり，テーパリングとテーパリングの間には，少なくとも数週間から数ヵ月間の期間が必要であるということです。そう考えると，1年あたりにテーパリングを実施してピークを合わせることができる試合数には限界がある，という主張にはある程度の根拠がありそうです。

　また，どの程度の頻度でテーパリングを実施するかを決める時にもう1つ考慮に入れなければならない点があります。それは，テーパリングを実施している期間中は練習・トレーニングの負荷を減らすことになるので，結果としてトレーニング効果（フィットネス向上）が下がってしまうという点です。テーパリングを実施すればpreparednessを高めてよりよいコンディションで試合に臨めるので短期的にはメリットが大きいのですが，あまりにも頻繁にテーパリングを実施すると，フィットネス向上のために必要となる練習・トレーニングの負荷（特に量）を確保することが困難となり，長期的にはフィットネス向上になかなかつながらないというマイナス面が大きいのです。

　したがって，長期的な視点でフィットネスを向上させる「強化」という観点と，短期的な視点で目前の試合に勝つ確率を高めるためにpreparednessのピークを合わせるという観点のバランスをとったうえで，テーパリングを実施する頻度を決定することが重要です。

年間の試合数にもよりますが，必ずしもすべての試合に向けてテーパリングを実施して preparedness のピークを合わせる必要はありません。特に試合数が多い場合は，そもそも不可能です。試合の重要度に優先順位をつけたうえで，優先順位の低い試合に向けてはテーパリングを一切せずに通常レベルの負荷で練習・トレーニングを継続するという選択をしてもよいのです。あるいは，ガイドラインどおりの本格的なテーパリングを実施する頻度は年間数試合だけに抑えつつも，練習・トレーニングの負荷をわずかだけ減らす「ミニテーパリング」を戦略的に活用することができれば，長期的なフィットネス強化と目前の試合に勝つためのコンディション調整のバランスを図ることが可能になります。

　年間の試合スケジュールを事前に把握し，すべての試合の優先順位を決めたうえで，「フィットネス−疲労理論」を当てはめて考え，どの試合に向けてテーパリングを実施するのか，しないのか，するのであれば本格的なテーパリングを実施するのか，ミニテーパリング程度に抑えるのかを判断すれば，どの程度の頻度でテーパリングをすることになるかは自ずと決まります。「テーパリングの頻度は年間○試合までに抑えるべきである」といったガイドラインをつくることはできないので，状況に応じて適切に判断する必要があります。

5 競技コーチとトレーニング指導者との連携の重要性

　効果的なテーパリングを実施するためには，「練習・トレーニングの負荷」を徐々に減らしていくことが必要です。

　本書では，「練習・トレーニングの負荷」という表現をあえて使っています。それは，「練習」と「トレーニング」という２つの活動は，その主目的こそ異なりますが，どちらも身体にとっては外的な刺激（ストレッサー）であり，その結果として出力（フィットネス，疲労）に影響を及ぼすという点において，両者に区別はないからです。これは，第２章の汎適応症候群の説明でも詳しく紹介したとおりです。英語では「Stress is additive」という表

現がありますが，ストレスは足し算的に増えていくものなのです。

　したがって，たとえテーパリング期間中にトレーニング量を減らしたとしても，そのぶん，練習量を増やしてしまうと，全体的な練習・トレーニングの負荷（ストレッサーの総量）はそれほど減らないため，テーパリングのメカニズムが働かず，結局 preparedness が向上せずにピーキングが失敗に終わるというリスクがあります。

　テーパリングにおいては負荷を徐々に減らしていくことが重要ですが，その際には，練習とトレーニングの両者を考慮に入れたうえで，総量としての「練習・トレーニングの負荷」を操作するという視点が必要になります。そこで重要になってくるのが，練習内容を計画する競技コーチと，トレーニング計画を担当するトレーニング指導者との間の連携です（両者が別の場合）。競技コーチとトレーニング指導者が緊密に連携を取り合い，理想的には共同でテーパリング計画を練ることで，練習とトレーニングの総量をうまくコントロールすることができれば，上記のような失敗は避けることができます。

　私も含めて，トレーニング指導者は，トレーニングのことだけに目が行きがちですが，競技練習もアスリートの身体にとってはストレッサーであるという点を忘れずに，大きな視野をもったうえで，競技コーチとうまく連携をとりながら，テーパリング計画に取り組んでください。

6 テーパリング以外のピーキング手法とうまく組み合わせる

　第1章で，テーパリングとピーキングは同じではなく，ピーキングという目的を達成するための手段の1つがテーパリングにすぎない，という説明をしました。ピーキングを達成する手段には，「カーボローディング」も含めた栄養的なもの，試合に向けて減量をすること，あるいは心理的なルーティンなどが考えられます。

　本書のテーマは「テーパリング」なので，他の手段について詳しく言及することは避けますが，1点だけ触れておきたいのは，他の手法とテーパリン

グはまったく別々に実施すればよいというわけではないということです。それぞれが互いに影響を与える可能性があるので，それを考慮に入れたうえで，最大の相乗効果を生み出せるように，うまく組み合わせることが大切です。

　例えば，テーパリングとカーボローディングを組み合わせるとします。カーボローディングは，体内のグリコーゲン量を増やすために，試合前の時期に意図的に炭水化物を多く摂取する手法です。試合前に実施するので，テーパリングを実施する時期と重なることになりますが，テーパリング期間中は通常よりも練習・トレーニング量が減っているので，消費カロリーも通常よりも少なくなります。したがって，この時期に単純に炭水化物の摂取量だけを増やしてしまうと，摂取カロリーが増える一方で，消費カロリーは減っているので，意図せずに体重が増えてしまう可能性があるのです。増量がプラスに働くような競技であれば問題はないかもしれません。しかし，例えば自体重を素早く動かすことが重要な競技や，ほんのわずかな体重の変化が技術に影響を与えてしまうような繊細な技術が求められる競技では，重要な試合の直前に増量してしまうのは避けたいはずです。したがって，試合直前の増量を避けたいアスリートがテーパリングとカーボローディングの両方を実施する際には，炭水化物の摂取量を増やす一方で，全体的な摂取カロリーは抑えるような工夫が必要となります。

　また，体重別の階級がある競技では，試合に向けて減量をする必要があるアスリートが多く見られます。この減量にテーパリングを組み合わせる場合も注意が必要です。試合前のテーパリング期間中は通常よりも練習・トレーニング量が減るので（つまり消費カロリーが通常よりも少ない），減量がより難しくなるからです。それを考慮に入れたうえで，試合直前のテーパリング期間中は摂取カロリーを極端に少なくするか，あるいはテーパリングを開始する前の段階（pre-taper period）で，ある程度の減量をすませておくか，何かしらの対策を事前に考えておくことが必要となります。

あとがき

　私が本書を執筆しようと決意した理由は，アスリートとしての競技人生をかけるような重要な試合において，コンディション調整がうまくいかず，本来の力を発揮できないまま終わってしまうアスリートをひとりでも減らしたいという想いがあったからです。

　私自身，あまりレベルの高いアスリートではありませんでしたが，中学校や高校の部活動でバスケットボールをプレーしていた現役時代に，コンディション調整に失敗して悔しい想いをした経験があります。また，まわりを見ても，私と同じような悔しい想いをしているアスリートが驚くほど多いという印象をずっともっていました。アスリートとして，自分の本来の力を発揮できないまま負けてしまうことほど，悔いの残ることはありません。

　その一方で，たとえ重要な試合において勝つことができず負けてしまったとしても，自分の力を発揮し切れたアスリートは，晴れ晴れしい表情をしているものです。「自分の力は出し切れたので，悔いはないです」というコメントを耳にすることもあります。もちろん，自分の力を出し切ったうえで，勝つことができれば，それに越したことはありません。

　私自身はすでに現役のアスリートではありませんが，S＆Cコーチとして，アスリートにトレーニング指導をしたり，コンディション計画を立てたりする立場にあります。私が担当するアスリートには，最高のコンディションで重要な試合に臨んでほしい，本来の力を発揮できずに悔しい想いをしてほしくない，という気持ちで，本書のテーマである「ピーキングのためのテーパリング」についても，手に入るかぎりの情報を集めて，自分なりに勉強を重ねてきました。

　もちろん，スポーツというのは，重要な試合に向けて体力面のコンディション調整さえ成功すれば，結果が出るというものではありません。それ以外

にも，さまざまな要因が試合結果に影響を及ぼします。例えば，技術面・戦術面・心理面・用具の選択・対戦相手との相性・試合会場や天候を含む環境面など。それはＳ＆Ｃコーチとしてアスリートの競技力向上を支援する活動に携わってきた中で，痛感していることでもあります。

　しかし，少なくとも，体力面のコンディション調整に関してだけは失敗させたくない，最高のコンディションで重要な試合に臨ませてあげたいという想いだけで，「ピーキングのためのテーパリング」についての知識を積み重ねてきました。

　その中で気づいたことが２つあります。１つは，「ピーキングのためのテーパリング」は技術であるということ。そしてもう１つは，「ピーキングのためのテーパリング」に関して手に入る情報が驚くほど少ないということです。

　アスリートが重要な試合に向けてのコンディション調整に失敗し，試合本番で思うようなパフォーマンスを発揮できずに負けてしまった場合，その原因を冷静に分析して「コンディション調整の仕方が失敗だった」と考えたり発言したりするアスリートは少ないという印象を私はもっています。むしろ「全然自分の力を発揮できずに不甲斐ない」「勝ちたい気持ちが足りなかった」「練習量が足りなかった」などの精神論にもっていくアスリートが多いのではないでしょうか。

　もちろん，メンタル面が原因で本来の実力を発揮できないことはあるかもしれませんが，少なくとも体力面のコンディション調整，つまり「ピーキングのためのテーパリング」に関して言うと，それは気持ちの問題ではありません。正しい知識を身につけて，正しいやり方を知ることが大切なのです。つまり「技術」です。

　その「技術」を身につける努力をしなければ，「重要な試合に向けてコンディションを上げていけるようにがんばります」という気持ちだけあったとしても，コンディション調整が成功する確率は高まりません。

　本書で説明した，テーパリングとは何なのか（＝What），テーパリングによってピーキングを達成できるメカニズムは何なのか（＝Why），具体的に

どのようにテーパリングを計画すればよいのか（＝How）といった内容をしっかりと理解し，その「技術」を用いて戦略的にテーパリング計画を立てて運用することが，ピーキングの成功に繋がるはずです。したがって，アスリートやその指導者の皆さんには，是非ともこの「技術」を身につけていただき，活用していただきたいというのが私の願いです。

　その一方で，そうした「技術」は確実に存在するはずなのに，重要な試合に向けてのコンディション調整に失敗して本来の力を発揮できず，悔しい想いをしているアスリートの数が減っている様子はありません。なぜでしょうか。原因の1つは，その「技術」を身につけるための情報や機会が少ないからだと思います。

　まず，テーパリングに関するスポーツ科学の研究の数が多くありません。つまり，適切なテーパリングの実施方法に関する科学的知見が，他のテーマと比べると，それほど蓄積されていないのです。その原因は，テーパリングが研究をしづらいテーマであることがあげられます。

　そもそも，重要な試合の直前に，被験者として研究に協力してくれるアスリートを探すのが困難です。また，テーパリングの効果を検証するためには，パフォーマンスあるいは競技成績そのものを定量化（数量で表わすこと）する必要があります。過去の多くのテーパリング研究において，競泳・ランニング・自転車などの記録系個人種目のアスリートが被験者として採用されてきたのには，競技成績がタイムという形で定量化しやすいという背景があります。

　その一方で，テニスやバドミントンのようなラケット系種目，柔道やレスリングのような対人格闘系種目などにおいては，競技成績を定量化するのが困難です。例えば，トーナメントでベスト4という結果だったアスリートのパフォーマンスが，ベスト8止まりだったアスリートのパフォーマンスの2倍良かったと単純に計算することができないのです。さらには，複数のアスリートがかかわるラグビーやバスケットボールのようなチーム競技においては，テーパリングが成功して個々のアスリートのパフォーマンスが良かったとしても，チームとしての勝ちにつながるとはかぎりません。また，それら

の競技においては，筋力・スピード・持久力などの複数の体力要素を高めることが求められるため，例えばスピードはピーキングに成功したけど持久力はピーキングに失敗した，ということも起こりえます。それではピーキングの成否を見極めるのが難しいため，やはり研究対象としては敬遠されてしまう傾向があるのです。

　以上のような理由から，テーパリングというのは研究テーマにすることが難しく，結果としてテーパリングに関する科学的データが少ないという現状があります。

　また，「ピーキングのためのテーパリング」という技術に関する情報は科学的知見に限定されるわけではありません。現場で実際にアスリートを指導する競技コーチやＳ＆Ｃコーチが，重要な試合に向けて担当アスリートのコンディション調整を実施してきた経験も貴重な情報のはずです。たとえ，それが科学的知見に裏づけられていなかったとしても。

　したがって，競技コーチやＳ＆Ｃコーチが，自身の経験を書籍の出版やセミナー講演という形で共有してくれてもよさそうなものですが，残念ながら，実際にそのような情報に触れる機会はきわめて少ないのが現状です。もし，テーパリング関連本が巷にあふれていたら，私は本書を執筆しようとすら思わなかったでしょう。

　重要な試合に向けてのコンディション調整というのはアスリートの勝ち負けに直接影響を及ぼしうるトピックなので，企業秘密にしておきたい，ライバルには教えたくないという気持ちが働くのかもしれません。しかし，それよりも，単純に「ピーキングのためのテーパリング」というトピックが，書籍やセミナーという形で整理して伝えづらいトピックであるという理由のほうが大きいのではないかと私は感じています。

　実際に，「ピーキングのためのテーパリング」というテーマで本書の執筆を始めようとした時に，どのように書いたらわかりやすく伝えられるだろうか，と私は非常に悩みました。第３章で紹介した「科学的知見に基づくテーパリングのガイドライン」だけを提示して，「こういう風にテーパリングをすればピーキングを成功させることができますよ」と書いておけば，だいぶ

楽だったはずです。しかし，そうしたガイドラインを伝えるだけでは，ピーキングの成功率を上げることにつながらないのではないかという懸念がありました。ガイドラインがそのまま当てはまらない状況があるからです。むしろ，ガイドラインがそのまま当てはまる状況のほうが珍しいくらいです。そして，ガイドラインしか知らないようでは，応用が効かないのです。

さまざまな競技のアスリートのトレーニング指導にかかわってきた私の経験上，重要な試合に向けてのスケジュールというのは，競技によってまったく異なります。また，同じ競技であっても，レベルや環境によっても違います。「科学的知見に基づくテーパリングのガイドライン」がそのまま当てはまるような「通常のシナリオ」，つまり，重要な試合の前に数ヵ月間にわたって練習・トレーニングを積めるという状況はきわめて少ないのです。

したがって，今回テーパリングをテーマにした本を執筆するにあたり，単純にガイドラインを紹介するだけでは不十分だと感じました。異なる状況下で応用を効かせることができる技術を身につけていただくためには，そもそもなぜテーパリングをするとピーキングにつながるのか，そのメカニズムから理解していただく必要があるだろうと考え，その説明に重点を置いて執筆することにしました。それが本書の第2章にあたります。

「フィットネス－疲労理論」の解説から始まり，その概念に基づいてテーパリングのメカニズムについて丁寧に説明したつもりです。お読みいただければ，なぜテーパリングという手段を用いるとピーキングという目的を達成することができるのか，そのカラクリを理解していただけるはずです。

ただし，本書を読んで「テーパリングのメカニズム」を理解するだけでは，まだ不十分です。読んで理解できるのと，実際に使いこなせるのとは，また別だからです。本書を読んで仕入れた知識を使いこなせるようになるためには，実際に，重要な試合に向けてのテーパリングを計画し運用する経験を積み重ねることが必要不可欠です。実践に勝る経験はないのです。

今後，そのようにテーパリングの計画を立てて運用する際には，是非とも本書を手元に置いていただき，適宜参考にしながら，目の前のアスリートが悔いを残さないですむように，最高のピーキングを成功させてあげてくださ

い。そうした経験を積み重ねるごとに，テーパリングについての理解が深まるはずですし，使いこなす能力も磨かれていくでしょう。

　最後に，「ピーキングのためのテーパリング」に臨むうえでの私の信念をお伝えして終わりたいと思います。第1章でも軽く触れましたが，とても重要なので，繰り返します。

　私は，テーパリングは「攻めの戦略」というよりも「守りの戦略」であると捉えています。つまり，テーパリングによって積極的にパフォーマンス向上効果を狙っていくというよりも，最後の調整段階で失敗して「やらかさない」ことのほうが重要であるということです。

　アスリートが積み重ねてきた厳しい練習やトレーニングによる成果を，重要な試合前の最後の数週間で台無しにしないために，テーパリングについての理解を深めて，失敗をしないための準備をしておく，という姿勢が大切です。

　テーパリングの計画を立てる時に，練習・トレーニング負荷を増やすべきか減らすべきか迷った場合には，「やらかさない」ことを最優先に考えて，判断をしてください。テーパリングは魔法ではありません。重要な試合に向けての準備段階の最後の最後に奇跡を起こすための方法ではないのです。読者の皆さんにも，「やらかさない」ことを常に念頭に置いてテーパリングを実践していただければと思います。

参考文献

第1章 テーパリングとは何か
1. Mujika I, and Padilla S. Scientific bases for precompetition tapering strategies. *Med Sci Sports Exerc*, 35: 1182-1187, 2003.
2. Mujika I, Padilla S, and Pyne D. Swimming performance changes during the final 3 weeks of training leading to the Sydney 2000 Olympic Games. *Int J Sports Med*, 23: 582-587, 2002.

第2章 テーパリングのメカニズム
1. Banister EW, Calvert TW, Savage MV, and Bach T. A systems model of training for athletic performance. *Aust J Sports Med*, 7: 57-61, 1975.
2. Busso T, Hakkinen K, Pakarinen A, Carasso C, Lacour JR, Komi PV, and Kauhanen H. A systems model of training responses and its relationship to hormonal responses in elite weight-lifters. *Eur J Appl Physiol Occup Physiol*, 61: 48-54, 1990.
3. Chiu LZF, and Barnes JL. The fitness-fatigue model revisited: implications for planning short- and long-term training. *Strength Cond J*, 25: 42-51, 2003.
4. Haff GG. Peaking for competition in individual sports, In: Joyce D, Lewindon D, eds. *High-Performance Training for Sports*. Human Kinetics, Champaign, IL, 2014.
5. Issurin V. Block periodization versus traditional training theory: a review. *J Sports Med Phys Fitness*, 48: 65-75, 2008.
6. Morton RH, Fitz-Clarke JR, and Banister EW. Modeling human performance in running. *J Appl Physiol*, 69: 1171-1177, 1990.
7. Mujika I. *Tapering and Peaking for Optimal Performance*. Human Kinetics, Champaign, IL, 2009.
8. Stone MH, Stone M, and Sands WA. *Principles and Practice of Resistance Training*. Human Kinetics, Champaign, IL, 2007.
9. Zatsiorsky VM. *Science and Practice of Strength Training*. Human Kinetics, Champaign, IL, 1995.

第3章 テーパリングの実際
1. Aubry A, Hausswirth C, Louis J, Coutts AJ, and LE Meur Y. Functional overreaching: the key to peak performance during the taper? *Med Sci Sports Exerc*, 46: 1769-1777,

2014.
2. Banister EW, Carter JB, and Zarkadas PC. Training theory and taper: validation in triathlon athletes. *Eur J Appl Physiol Occup Physiol*, 79: 182-191, 1999.
3. Bartolomei S, Sadres E, Church DD, Arroyo E, Iii JAG, Varanoske AN, Wang R, Beyer KS, Oliveira LP, Stout JR, and Hoffman JR. Comparison of the recovery response from high-intensity and high-volume resistance exercise in trained men. *Eur J Appl Physiol*, 117: 1287-1298, 2017.
4. Bosquet L, Montpetit J, Arvisais D, and Mujika I. Effects of tapering on performance: a meta-analysis. *Med Sci Sports Exerc*, 39: 1358-1365, 2007.
5. Gabbett TJ. The training-injury prevention paradox: should athletes be training smarter and harder? *Br J Sports Med*, 50: 273-280, 2016.
6. Hickson RC, Foster C, Pollock ML, Galassi TM, and Rich S. Reduced training intensities and loss of aerobic power, endurance, and cardiac growth. *J Appl Physiol*, 58: 492-499, 1985.
7. Hulin BT, Gabbett TJ, Lawson DW, Caputi P, and Sampson JA. The acute: chronic workload ratio predicts injury: high chronic workload may decrease injury risk in elite rugby league players. *Br J Sports Med*, 50: 231-236, 2016.
8. Krieger JW. Single vs. multiple sets of resistance exercise for muscle hypertrophy: a meta-analysis. *J Strength Cond Res*, 24: 1150-1159, 2010.
9. McNeely E, and Sandler D. Tapering for endurance athletes. *Strength Cond J*, 29: 18-24, 2007.
10. Mujika I, and Padilla S. Scientific bases for precompetition tapering strategies. *Med Sci Sports Exerc*, 35: 1182-1187, 2003.
11. Schoenfeld BJ, Ogborn D, and Krieger JW. Dose-response relationship between weekly resistance training volume and increases in muscle mass: a systematic review and meta-analysis. *J Sports Sci*, 35: 1073-1082, 2017.
12. Shepley B, MacDougall JD, Cipriano N, Sutton JR, Tarnopolsky MA, and Coates G. Physiological effects of tapering in highly trained athletes. *J Appl Physiol*, 72: 706-711, 1992.
13. Stone MH, Plisk SS, Stone ME, Schilling BK, O'Bryant HS, and Pierce KC. Athletic performance development: volume load - 1set vs. multiple sets, training velocity and training variation. *Strength Cond J*, 20: 22-33, 1998.
14. Thomas L, and Busso T. A theoretical study of taper characteristics to optimize performance. *Med Sci Sports Exerc*, 37: 1615-1621, 2005.
15. Thomas L, Mujika I, and Busso T. A model study of optimal training reduction during pre-event taper in elite swimmers. *J Sports Sci*, 26: 643-652, 2008.

■ 著者略歴

河森 直紀（かわもり なおき） PhD, CSCS

　1979年神奈川県生まれ。埼玉県育ち。
　大学卒業後，スポーツ科学の研究者になることを目指し，アメリカ・オーストラリアの大学院に留学。2008年に博士号を取得。
　しかし，大学院でアスリートを対象にした研究をしているうちに，「研究をするよりもスポーツ現場で働きたい」という情熱が膨らみ，方向転換。
　研究者になる道を捨て，アスリートに対してトレーニング指導を行うストレングス＆コンディショニング（S&C）コーチとして活動することを決意。
　その後，シンガポールの政府機関であるSingapore Sports Council（現Sport Singapore）や日本の国立スポーツ科学センターにてS&Cコーチとして勤務し，それぞれの国の代表選手に対するトレーニング指導を担当。
　2017年にフリーランスのS&Cコーチとして独立。
　現在は，さまざまな競技のアスリートやチームと契約を結び，トレーニングを指導している。
　また，「博士号をもつS&Cコーチ」というバックグラウンドを活かすため，セミナーや執筆活動を通じて，自らの経験や知識を伝える活動を行っている。
　ブロガーとしての顔ももち，自身が運営しているブログ「S&Cつれづれ」は同業者だけでなく，アスリートや競技コーチにも広く読まれている。

　■ブログ 「S&Cつれづれ」 http://kawamorinaoki.jp/

ピーキングのためのテーパリング
―狙った試合で最高のパフォーマンスを発揮するために―

2018年　2月20日　第1版　第1刷
2019年　4月19日　第1版　第2刷
2020年 10月10日　第1版　第3刷
2024年　3月31日　第1版　第4刷

著　者　河森　直紀
発行者　腰塚　雄壽
発行所　有限会社ナップ
　　　　〒111-0056　東京都台東区小島1-7-13 NKビル
　　　　TEL 03-5820-7522／FAX 03-5820-7523
　　　　ホームページ　http://www.nap-ltd.co.jp/
印　刷　三報社印刷株式会社

Ⓒ 2018　Printed in Japan　　　　　　　　　　ISBN 978-4-905168-53-9

|JCOPY| 〈出版者著作権管理機構 委託出版物〉
本書の無断複写は著作権法上での例外を除き禁じられています。複写される場合は，そのつど事前に，出版者著作権管理機構（電話 03-5244-5088，FAX 03-5244-5089，e-mail: info@jcopy.or.jp）の許諾を得てください。

NAPの好評書

競技力向上のための ウエイトトレーニングの考え方

著：河森 直紀

定価：本体 2,200 円 + 税
184 ページ／A5 判
ISBN：978-4-905168-65-2

パフォーマンス向上のための ダンベルトレーニング
オリンピックリフティングを 効率的にマスターできる

著：Allen Hedrick
訳：和田 洋明

定価：本体 3,000 円 + 税
288 ページ／A5 判
ISBN：978-4-905168-64-5

スポーツパフォーマンスの アセスメント
競技力評価のための測定と分析

著：David H. Fukuda
監訳：渡部 一郎

定価：本体 3,500 円 + 税
304 ページ／B5 判
ISBN：978-4-905168-62-1

アスレティック・ ムーブメント・スキル
スポーツパフォーマンスのための トレーニング

著：Clive Brewer
監訳：広瀬 統一

定価：本体 4,300 円 + 税
400 ページ／B5 判
ISBN：978-4-905168-56-0